챗GPT, Dall-E2, SD(Stable Diffusion)
생성형 인공지능을 활용하는 최고의 질문 전략서

챗GPT
프롬프트
레볼루션

생성형
인공지능을
활용하는
질문 노하우

저자: 변문경, 박찬, 김병석, 전수연, 박종훈, 이지은, 김민철

챗GPT 프롬프트 레볼루션

| 초판 1쇄 인쇄 | 2023년 4월 1일

| 초판 1쇄 발행 | 2023년 4월 7일

| 저　　　자 | 변문경, 박찬, 김병석, 전수연, 박종훈, 이지은, 김민철

| 총 괄 기 획 | 변문경, 박찬

| 책 임 편 집 | 김현

| 디　　자　　인 | 오지윤, 김민철

| 인　　　쇄 | 영신사

| 종　　　이 | 세종페이퍼

| 홍　　　보 | 박정연

| I P 　투 　자 | ㈜메타유니버스 www.metauniverse.net

| 유　　　통 | 다빈치books

| 출 판 등 록 일 | 2021년 12월 4일

| 주　　　소 | 서울특별시 중구 청계천로 40, 14층 7호
　　　　　　서울특별시 마포구 월드컵북로 375, 21층 7호

| 팩　　　스 | 0504-393-5042

| 전　　　화 | 070-4458-2890

| 출판 콘텐츠 및 강연 관련 문의 | moonlight@metauniverse.net

ISBN 976-11-86742-61-7(03320)

* 파본은 구매하신 곳에서 교환해드립니다.

* 본 책의 본문 일부를 인용할 때는 반드시 참고도서로 본 책의 제목과 출판사를 기재해주시기 바랍니다.

* 저자의 강연 요청은 문의 이메일을 통해서 가능합니다.

Contents

창의적 문제 발견 **191**

들어가며

생성형 인공지능의 확산으로 프롬프트 엔지니어링의 중요성이 강조되고 있다. 전 세계에서 챗GPT 열풍이 불고 있는 것과는 대조적으로 아직 생성형 인공지능을 활용하기 위해 프롬프트를 설계하는 전략, 기존 직무나 일상생활에서 프롬프트를 활용하고 고도화하는 전략에 대한 정보는 부족한 실정이다. 이제 자연어로 프롬프트를 입력하면 누구나 코딩 없이 인공지능을 활용할 수 있게 되었다. 이러한 현실에서 초거대 인공지능에 어떤 질문을 하고 어떤 가치를 산출할 것인가는 더없이 중요한 생존전략이자 역량이 되었다.

『챗GPT 프롬프트 레볼루션』은 프롬프트의 설계 방법, 다양한 교육과 일상생활에서의 활용법을 전략적으로 안내한다. 아울러 프롬프트 엔지니어링을 기업과 교육 현장에서 활용할 때 이론적인 토대가 될 수 있는 STEM 캡스톤 디자인과 학습자 중심 교육 이론, 창의적 문제 발견 메커니즘에 대한 정보도 담았다. 2023년 2월 출간 즉시 베스트셀러가 된 『챗GPT 인공지능 융합 교육법』은 챗GPT에 대한 입문서이자 메타버스 시대와의 연관성을 담았다. 본 책 『챗GPT 프롬프트 레볼루션』은 기업과 학교의 인공지능 교육자 및 생성형 인공지능에 관심 있는 모든 이를 위한 프롬프트 설계의 가이드가 되기를 진심으로 바란다.

- 저자 일동 -

용어 정리

프롬프트(Prompt)

프롬프트(Prompt)는 컴퓨터과 사용자가 대화하기 위한 메시지, 명령문을 의미한다. 생성형 인공지능 활용이 보편화되면서 사용자가 인공지능에 지시하여 결과물을 산출하기 위한 명령어의 의미로 널리 사용되고 있다.

프롬프트 엔지니어링(Prompt Engineering)

프롬프트 엔지니어링(Prompt Engineering)은 인공지능 모델로부터 품질 좋은 응답을 산출하기 위해 프롬프트 입력값과 그 조합을 찾는 작업을 의미한다. 이러한 작업자를 프롬프트 엔지니어라고 부르는데, 이들은 인공지능과의 대화할 명령어(프롬프트)를 생성하여 인공지능을 훈련하며 성능을 향상시킨다. 잘 훈련된 인공지능일수록 고품질의 답변을 생성할 수 있기 때문에 프롬프트 엔지니어에게는 요구 성능을 질문으로 바꾸는 상상력이 중요하다.

문제 발견(Problem Finding)

문제를 발견하는 것은 개인의 내적 지식의 토대 위에서 문제를 제기하고 해결 방향을 모색하는 과정이다. 본 책에서는 프로젝트 주제를 정하기 위해서 일상생활에서 문제를 발견하는 전 과정을 의미한다.

창의적 문제 발견(Creative Problem Finding)

창의적 문제 발견은 개인이 발견한 문제의 가치가 평가되는 과정에서, 특정 기능적 목적, 잠재된 기능적 특성, 심미성 중 하나가 입증된 문제의 발견을 말한다.

도메인 지식(Domain Knowledge)

특정한 전문화된 학문이나 해당 분야의 지식으로, 도메인 지식이 있는 사람들은 해당 분야의 전문가이다. 소프트웨어 공학에서 도메인 지식은 소프트웨어 사용자들로부터 학습된다. 사용자 워크플로, 데이터 파이프라인, 비즈니스 정책, 법률적 제약이 포함될 수 있고 도메인 지식을 활용하여 응용 소프트웨어 개발도 하게 된다. 전문가의 도메인 지식은 애플리케이션으로 발전되어 서비스될 수도 있다.

영역 특수적 지식(Domain specific Knowledge)

영역 특수적 지식은 개인의 서술적 지식과 절차적 지식으로 구성되어 있으며, 개인의 스키마 안에서 특별히 활성화된 부분을 의미한다. 특정 분야에 개념의 교점(node)을 많이 가지고 있어 새로운 지식(창의적 지식)의 연결이 쉬운 개인 스키마의 특수 영역을 말한다.

STEM 교육

STEM이란 말은 과학(Science), 기술(Technology), 공학(Engineering), 수학 (Math)의 맨 앞 이니셜을 딴 것으로, 1990년대 들어 미국과학재단(NSF)이 사용하기 시작한 용어이다(NGSS Lead States, 2013). 현재 세계적으로 STEM은 융합형 인재를 키워 국가 경쟁력을 유지하는 데 필요한 교육적 혁신을 일컫는 말로 통용된다. 미국의 새로운 국가 과학 표준에서는 STEM을 지향하며 과학과 공학의 실행 방법을 포함한 학문 분야의 핵심 아이디어(Ways of knowing)와 체계적으로 묶인 지식(Body of knowledge)을 강조하고 있다(Bender, 2012). STEM의 지향점은 과학적 지식의 도메인 안에서 비판적인 사고와 문제 해결을 통해 학문의 깊은 이해에 도달하는 것이다(NGSS Lead States, 2013).

STEM 교육은 단편적인 지식의 학습 대신 다학제간 지식을 융합하고 문제 해결에 적용하며 개인의 창의성과 지식의 성장을 강조한다. 따라서 STEM 교육에서는 학생들이 일상에서 발견한 흥미로운 문제에 대해서 해결 방안을 도출하며 도메인 지식을 확장하는 프로젝트 학습을 한다. 프로젝트 과정에서 공동의 문제 발견과 문제 해결 방법을 찾는 과정은 문제 해결의 제한 사항들을 충분히 고려하는 과정에서 지식의 도메인을 강화한다. 이러한 STEM의 장점 때문에 많은 나라에서 교육혁신의 일환으로 개인이 지식을 구조화하고, 다학제간 지식을 융합하는 STEM 교육을 적용하고 있다.

캡스톤 디자인(Capstone Design)

팀을 구성하여 아이디어 산출, 디자인, 시제품 제작까지를 경험할 수 있도록 구성된 공과대학의 대표적인 STEM 교과목으로 프로젝트 기반 수업을 한다.

생성형 인공지능을
기존 직무에 통합하는 노하우

챗GPT 시대의 본질_공진화
(共進化, Coevolution)

생성형 인공지능의 시대

1. 챗GPT 접속하기

생성형 인공지능 챗GPT 시대를 맞아 연일 쏟아지는 연관 뉴스들을 접하게 되는 요즘이다. 사람들은 챗GPT에 질문했던 경험을 나누고, 앞으로 챗GPT를 어떻게 활용할 것인가를 논의하는데 바쁘다. 이렇게 급속히 생성형 인공지능이 시대가 오리라고는 그 누구도 예상하지 못했다. 구글 딥마인드의 인공지능(AI) 알파고가 2016년 이세돌과의 대국으로 사람들의 입에 오르내릴 때만 해도 인공지능이 잘하는 일은 바둑을 두거나, 스타크래프트 게임을 하는 특정 분야에 국한되어 있었다. 또한 인공지능을 이해하고 활용하기 위해서는 최소한 고등 수학능력과 고급개발자 수준의 코딩 실력을 갖추어야 했다. 따라서 지금의 챗GPT를 누구나 활용할 수 있는 상황과 정반대로 인공지능을 기업에 활용하는 위해서는 큰 비용과 노력을 지불해야 했다.

하지만 2015년 샘 알트만과 일론 머스크가 '인공지능에 대한 인류의 대응과 발전'이라는 설립 취지로 OpenAI를 설립했고, 이제 사람들은 챗GPT로 증강지능을 활용하고 달리(Dall-E)를 이용해서 영상화 이미지를 생성하여 활용하는 방식으로 진화하고 있다. 챗GPT는 사용자와 대화를 하면서 대화 내용의 맥락을 끊임없이 분석하고 개인 맞춤형 대답을 완성한다. 확실한 의사결정을 통해 대답을 구성하기 위해서 대화 중에 사용자에게 역으로 질문을 하기도 한다. 챗GPT의 일 사용자가 100만 명을 넘어섰고, 40일 만에 1천만 명이 접속하는 신드롬을 일으키면서, 유저들이 입력한 프롬프트는 챗GPT를 진화하도록 이끄는 원동력이 되었다. 구글이 생성형 인공지능에서 챗GPT를 능가하기 어렵겠다는 예측이 조심스럽게 나오는 이유다. 챗GPT에서는 유저들과 인공지능이 공진화하고 있다. **공진화는 "인간과 기계가 상대에게 미치는 영향에 반응하면서 진화하는 것"을 말한다.** OpenAI는 '공진화(共進化, coevolution)'가 가능한 기술을 공개하며 인공지능을 우리 생활의 모든 분야에 활용하는 것을 궁극적인 목표로 삼고 있고, 인간은 이에 대응하며 진화하고 있다.

이제 챗GPT에 무엇을 어떻게 질문하고, 어떻게 정교화된 질문을 통해 인공지능을 활용하여 우수한 결과물을 산출할 것인가가 '인공지능 활용 능력'이 된 것이다. 정리하면 챗GPT 시대의 인공지능 활용 능력은 프롬프트 설계 능력이다. 인공지능 융합학을 전공한 저자가 던진 질문에 챗GPT가 반환한 대답을 볼 때면, 저자의 최초 질문이 잘못되었다는 것을 깨닫는 경우가 많다. 챗GPT의 문제가 아니라 질문을 한 사람이 질문을 구체적으로 못 한 것이다. 다행히도 멀티턴이 가능한 챗GPT의 특성 때문에 뒤이어 저자가 추가적인 요구사항을 입력하면 우수한 결과를 반환한다.

챗GPT를 사용하기 위해서는 챗GPT에 회원가입을 해야 한다. 이를 위해서 등록을 위한 이메일 주소와 인증번호를 받을 수 있는 휴대폰 번호가 필요하다. 챗GPT에 회원가입을 하거나 로그인을 하기 위해 챗GPT 공식 사이트(https://chat.openai. com/auth/login)로 바로 접속할 수 있으나 검색을 통해 접속할 수도 있다. 먼저 크롬 검색창에 '챗GPT'라고 검색하면 챗GPT 블로그 주소를 선택할 수 있다.

[그림 1-1] 챗GPT 블로그 접속하기

이 사이트에서 챗GPT에 대한 설명과 API를 학습할 수 있다. 메인페이지에서 'TRY CHATGPT' 버튼을 선택하면 챗GPT에 로그인하거나 가입할 수 있는 페이지로 이동하게 된다. 오른쪽 회원가입을 선택하면 이메일 주소를 입력하여 계정을 생성한다. 계정을 생성한 후 휴대폰 전화번호를 입력하면 인증 코드를 받게 되고 휴대폰으로 받은 인증코드를 오픈AI 페이지의 인증코드를 입력하는 곳에 입력하면 인증이 완료되어 챗GPT를 사용할 수 있다.

[그림 1-2] 챗GPT 회원 가입하기

챗GPT에 로그인하여 나오는 시작 화면은 크게 세 부분으로 구성되어 있다. 왼쪽 사이드바에는 지금까지 챗GPT와 대화하였던 내용이 저장되어 있어서 다시 찾아보거나 그 대화에 이어서 새로운 대화를 이어나갈 수 있다. 사이드바의 아래쪽에는 지금까지의 대화 내용을 삭제하거나 챗GPT 유료로 전환할 수 있는 메뉴, 화면을 다크 모드로 변경할 수 있는 메뉴가 있다. 중앙에는 챗GPT에 질문할 수 있는 예시문과 챗GPT의 기능, 챗GPT의 제한점과 한계에 관해 설명하고 있다. 인공지능 챗봇이 때때로 잘못된 정보를 생성할 수 있고 해로운 내용이나 편향된 정보를 제공할 수 있다는 점, 2021년까지의 데이터를 활용해 학습하였기 때문에 2021년 이후 이루어진 사건에 대한 제한된 지식을 가지고 있다는 점을 안내하고 있다. 아래쪽에는 가장 중요한 질문을 작성할 수 있는 상자가 있다. 이곳에 질문을 하면 챗GPT가 답변해준다. 답변이 나오는 동안 답변을 중단할 수도 있고, 챗GPT의 답변이 마음에 들지 않으면 응답을 재생성할 수 있는 버튼이 활성화되어 이 버튼을 클릭하면 다른 답변을 제공한다. 답변의 내용이나 형식이 조금씩 차이가 있으므로 원하는 답변이 나올 때까지 응답 재생성을 요청하거나 질문을 조금 변경하면 새로운 답변을 얻을 수 있다.

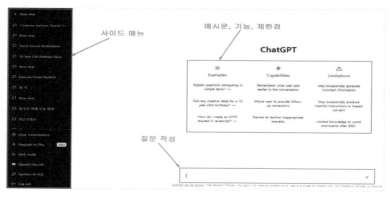

[그림 1-3] 챗GPT 시작 화면

2. 챗GPT 활용 팁

1) 영어로 질문하기

챗GPT는 한글로 질문해도 답변할 수 있다. 그러나 한글로 질문하면 크게 두 가지 문제점이 발생할 수 있다. 첫째는 대답 속도가 현저히 느려진다. 영어로 질문하면 1분 이내로 빠르게 답변이 이루어지는데 한글로 질문하면 답변 시작 자체가 오랫동안 기다려야 시작되고 답변 자체도 매우 느리게 작성되는 문제가 생긴다. 둘째는 답변이 중간에 끊기는 경우가 많이 발생한다.

> **P2** 고흐의 대표작과 특징에 대해 알려줘
>
> Vincent van Gogh는 네덜란드의 후기 회곡주의 화가입니다. 그의 작품은 거친 붓질, 대담한 색상, 감정적 강도로 특징적입니다. 그의 생애 동안 약 2,000개의 예술 작품을 만들었으며, 그 중 유명한 것에는 다음과 같습니다:
>
> 1. "The Starry Night" - 고흐의 가장 유명하고 알려진 그림 중 하나로, 별빛이 빛나는 밤 하늘, 작은 마을, 사철나무가 포함되어 있습니다. 거칠고 교차하는 붓질과 강렬한 색상 사용으로 유명합니다.
> 2. "Sunflowers" - 이 그림은 해바라기 꽃다발을 묘사한 것으로, 밝고 행복한 색상으로 유명합니다. 후기 회곡주의 운동의 가장 알려진 이미지 중 하나입니다.
> 3. "Café Terrace at Night" - 이 그림은 프랑스의 알르에서의 봄비는 카페 테라스를 묘사한 것으로, 사람들이 북적이며 거리 등이 빛나는

[그림 1-4] 한글 답변 끊김 현상

영어로 질문하면 한글로 작성할 때의 문제가 발생하지 않는다. 영어로 질문하고 영어로 답변한 것을 쉽게 이해할 방법으로는 간단한 것이 구글 번역이나 파파고와 같은 번역기를 함께 활용하는 것이다. 한글 질문을 번역기를 이용하여 영어로 질문하면 답변 속도도 빠르고 끊김 현상도 생기지 않으며 많은 정보를 제공한다. 영어 답변도 복사하여 번역기로 번역하면 답변에 대한 이해도 쉽다. 그러나 매번 한글을 영어로, 영어를 한글로 복사해서 번역하는 것도 매우 번거로운 작업이다. 이를 쉽게 해결할 방법으로는 크롬 확장프로그램을 설치하는 것이다.

크롬 검색창에서 '프롬프트 지니'라는 챗GPT 자동 번역기 프로그램을 검색하고 크롬 웹 스토어에서 '프롬프트 지니' 프로그램을 크롬에 추가한다.

[그림 1-5] 챗GPT 자동 번역기 프로그램 설치

'프롬프트 지니'를 크롬에 추가하면 챗GPT에 질문을 작성하는 부분 위에 '번역해서 질문'이라는 버튼이 생긴다. 질문을 한글로 작성하고 '번역해서 질문' 버튼을 누르면 한글을 자동으로 영어로 번역하여 질문하게 된다.

[그림 1-6] 챗GPT 자동 번역기 활용하여 질문하기

한글로 작성한 질문을 영어로 번역하여 질문을 하였기 때문에 영어로 바로 답변이 작성된다. 이 때문에 답변 시간도 한글로 질문한 것에 비해 빠르고 끊김 현상도 없이 영어로 답변이 작성된다. 또한 영어로

작성된 답변 아래에 다시 한국어로 번역된 답변이 제시되어 쉽게 이해할 수 있다. '프롬프트 지니' 크롬 확장프로그램을 설치하여 한글도 불편함 없이 챗GPT에 질문하고 답변을 얻을 수 있다.

서울을 방문하는 외국인에게 추천할 여행지 3곳을 추천해줘

번역결과

Please recommend 3 travel destinations for foreigners visiting Seoul.

Here are three popular tourist destinations in Seoul that are highly recommended for foreigners visiting the city:

1. Gyeongbokgung Palace: This palace is one of the largest and most beautiful palaces in South Korea and was the main royal palace of the Joseon dynasty. Visitors can witness the changing of the guard ceremony, explore the palace grounds, and learn about Korean history and culture.
2. Namsan Tower: This tower offers a stunning view of the city and is a popular spot for both tourists and locals. You can reach the top of the tower either by hiking or taking a cable car. The tower also features a rotating restaurant and a gift shop.
3. Myeong-dong: This shopping district is one of the most popular places in Seoul and is famous for its street food, cosmetics shops, and boutiques. Whether you're looking to sample Korean cuisine, shop for souvenirs, or simply wander through the bustling streets, Myeong-dong is a must-visit destination.

번역결과

서울을 방문하는 외국인에게 적극 추천하는 서울의 인기 관광지 3곳을 소개합니다.

1. 경복궁: 경복궁은 남한에서 가장 크고 아름다운 궁궐 중 하나입니다. 한국과 조선 왕조의 주요 왕궁이었습니다. 방문객들은 수문장 교대식을 관람하고, 궁궐을 둘러보고, 한국의 역사와 문화에 대해 배울 수 있습니다.
2. 남산타워: 이 타워는 도시와 관광객과 현지인 모두에게 인기있는 장소입니다. 하이킹을 하거나 케이블카를 타면 탑 꼭대기에 도달할 수 있습니다. 타워에는 회전 레스토랑과 선물 가게도 있습니다.
3. 명동: 이 쇼핑 지역은 서울에서 가장 인기 있는 장소 중 하나이며 길거리 음식으로 유명합니다. 화장품 매장, 부티크, 한국 요리를 맛보고 싶거나, 기념품을 사거나, 번잡한 거리를 거닐고 싶을 때 명동은 꼭 방문해야 할 곳입니다.

번역해서 질문   ↻ Regenerate response

[그림 1-7] 챗GPT 자동 번역기 답변 결과

2) 구체적으로 질문하기

질문하는 사람이 간단하게 질문하면 챗GPT의 답변도 간단하게 나온다. 반면에 질문을 구체적이고 세부적으로 질문하면 챗GPT의 답변도 구체적이고 상세하게 작성되는 것을 알 수 있다. 따라서 가능한 구체적인 상황과 답변의 형태까지 요구하면 원하는 답변을 얻을 수 있다.

한국의 수도는 어디야?

남한의 수도는 서울이고 북한의 수도는 평양이다.

한국의 수도와 특징에 대해 자세히 설명해줘.

서울은 한국의 수도이자 최대 도시입니다. 인구는 천만 명이 넘고 북서쪽에 있습니다. 서울은 한국의 문화, 교육 및 비즈니스의 주요 중심지이며 많은 유적지, 박물관 및 문화적 랜드마크가 있는 곳입니다. 이 도시는 조선 시대로 거슬러 올라가는 풍부한 역사가 있으며 궁전, 사원 및 전통 시장으로 유명합니다.

서울은 또한 삼성, LG, SK텔레콤과 같은 많은 대기업이 서울에 본사를 두고 있는 주요 기술 허브입니다. 이 도시는 지하철, 버스, 택시를 포함한 광범위한 대중교통 시스템과 잘 연결되어 있어 돌아다니기가 쉽습니다.

최근 몇 년 동안 서울은 활기찬 문화, 풍부한 역사, 현대적인 도시 경관으로 매년 수백만 명의 방문객을 끌어들이는 인기 관광지가 되었습니다. 역사, 기술에 관심이 있거나 도시의 독특한 분위기에 흠뻑 빠지거나 서울에는 모두를 위한 무언가가 있습니다.

---

3) 대화를 이어가며 질문하기

챗GPT는 멀티턴이기 때문에 일회성의 질문뿐 아니라 대화를 이어가면서 질문하는 것이 가능하다. 즉, 사람들과 채팅하면서 이야기할 때 생략된 간단한 질문도 맥락 가운데 이해하는 것과 같은 원리이다. 궁금한 내용과 관련해서 추가적인 질문을 하면 더 깊이 있고 다양한 답변을 얻을 수 있다. 예를 들어 인천의 유명 관광지 3곳을 추천해 달라고 질문하였더니 3곳의 관광지와 특징을 알려주었다.

인천의 유명 관광지 3곳을 추천해줘.

1. 인천대교: 이 다리는 인천 본토와 영종도를 연결하는 다리로 한국에서 가장 긴 다리 중 하나입니다. 주변 도시와 바다의 멋진 전망을 제공하여 관광객과 현지인 모두에게 인기 있는 장소입니다.

2. 인천 차이나타운: 한국에서 가장 큰 중국인 커뮤니티로 중국 전통문화 체험에 관심이 있는 관광객들에게 인기 있는 곳입니다. 거리에는 다채로운 건물, 중국 전통 상점과 레스토랑, 전통적인 간식과 기념품을 판매하는 활기찬 노점상이 늘어서 있습니다.

3. 인천문화예술회관: 인천 앞바다에 있는 문화예술회관으로 연중 다양한 문화예술 전시와 행사가 열립니다. 또한 오페라 하우스, 콘서트홀, 여러 개의 극장이 있어 도시의 문화 활동의 중심지입니다. 방문객들은 또한 옥상 테라스에서 주변 바다와 도시의 탁 트인 전망을 감상할 수 있습니다

챗GPT의 답변에 이어서 다른 장소를 추천해달라고 했더니 지금까지 인천의 유명 관광지 추천에 대한 맥락을 이해하고 인천에 있는 다른 관광지를 추천해 주었다.

4. 송도센트럴파크: 송도센트럴파크는 인천광역시 송도 국제업무지구에 있는 대규모 공원입니다. 분주한 도시에서 벗어나 평화로운 탈출을 제공하는 현지인과 관광객 모두에게 인기 있는 장소입니다. 이 공원에는 큰 호수, 산책로, 분수, 다양한 동식물이 있어 피크닉, 산책 또는 단순히 휴식을 취하고 지역의 자연미를 즐기기에 좋은 장소입니다. 또한 콘서트, 전시회 및 축제를 포함하여 일 년 내내 여러 문화 및 예술 행사가 열립니다.

이 대화를 이어서 어린아이들이 좋아할 장소를 추천해달라고 했더니 역시 인천에 있는 관광지 중 어린이를 위한 장소를 추천해 주었다.

1. G-Tower 전망대: G-Tower 전망대에서는 인천과 주변 지역을 한눈에 볼 수 있습니다. 아이들은 도시 경관을 바라보며 그 지역의 지리에 대해 배우는 것을 즐깁니다. 전망대에는 대화형 전시물과 게임도 있어 아이들에게 재미있고 교육적인 경험을 선사합니다.

2. 을왕리해수욕장: 을왕리해수욕장은 넓은 백사장과 맑은 물, 수영과 놀기, 모래성 쌓기 등을 즐길 수 있어 가족과 어린이들에게 인기 있는 곳이다. 또한 근처에 여러 공원과 놀이터가 있어 모든 연령대의 아이들이 재미있고 상호작용하는 하루를 보낼 수 있습니다.

3. 아쿠아플라넷 63: 아쿠아플라넷 63은 인천광역시에 있는 실내 워터파크입니다. 각종 워터슬라이드, 유수풀, 파도풀, 어린이 놀이공간 등을 갖추고 있어 아이들이 뛰어놀기 좋은 곳입니다. 공원 내에는 다양한 레스토랑과 상점이 있어 가족 단위로 온종일 보낼 수 있습니다.

4) 활용 영역

챗GPT가 우리의 삶에 어떤 영향을 줄지 매우 궁금하다. 챗GPT를 활용할 수 있는 영역들이 많은데 현재까지 사용할 수 있는 영역들을 정리해보았다.

① 검색하기(Search)

지금까지 새로운 정보를 얻기 위해 가장 많이 사용되던 방식은 구글이나 네이버와 같은 곳에 검색을 통해 새로운 정보를 모으고 정리하는 방법이었다. 그런데 챗GPT로 궁금한 내용에 대해 질문하면 원하는 정보를 정리해서 얻을 수 있다. 새로운 아이디어를 얻을 때도 사용하면 좋다.

② 요약하기(Summary)

속도가 중요한 시대를 살아가고 있는 현대인들은 텍스트가 많은 글은 읽기를 싫어할 뿐 아니라 내용 파악에 어려움을 겪는 경우가 많다. 따라서 많은 양의 텍스트나 글 등을 요약하여 정리하는 것이 필요하다. 챗GPT에 요약을 부탁하면 좋다. 한 문단으로 요약하게 할 수도 있고, 리스트나 목차를 생성하도록 질문할 수도 있다. 최근에는 챗GPT로 유튜브 내용을 요약할 수 있는 확장프로그램도 서비스되고 있다.

[그림 1-8] 챗GPT 활용 유튜브 요약 확장프로그램

③ 글쓰기(Writing)

챗GPT에 어떤 주제를 제시하고 원하는 글을 써달라고 할 수 있다. 시, 에세이, 동화 등도 가능하다. 챗GPT가 작성한 글을 참고하여 새로운 글을 쓰는 데 참고할 수 있다.

④ 마케팅(Marketing)

기업에서 웹사이트나 제품에 대한 설명을 작성하거나 블로그와 같은 콘텐츠 마케팅을 할 때 챗GPT를 사용할 수 있다. 또한 개인화된 상담을 제공하여 개인 맞춤형 상품을 추천하는 등 새로운 챗봇으로 활용될 수 있다.

⑤ 코딩(Coding) 및 디버깅(Debugging)

챗GPT에 필요한 프로그램에 대한 코딩을 부탁하면 파이썬이나 자바스크립트와 같은 다양한 언어로 코드를 짜준다. 또한 자신이 짠 코드의 오류를 챗GPT에 디버깅해달라고 부탁할 수도 있다. 챗GPT를 활용하면 프로그래머들이 코딩과 디버깅에 대한 시간과 에너지를 획기적으로 줄일 수 있다.

⑥ 번역(Translation)

구글 번역기와 파파고와 같은 번역기가 있어서 편리하게 외국어를 한국어로 번역하여 사용할 수 있다. 하지만 챗GPT를 사용하면 문맥이

고려되며 번역의 문장이 훨씬 매끄럽다.

⑦ 영어 공부(Learn English)

챗GPT와 영어로 채팅하고 질문하거나 프롬프트에 대답할 수 있다. 이를 통해 영어 회화에 더욱 익숙해지고 유창성을 향상할 수 있다. 영어 문법과 문법을 연습하는 데 유용한 도구가 되기도 한다. 챗GPT에 문장 수정을 요청하거나 올바른 문법 사용 예시를 받을 수도 있다.

3. 마이크로소프트 Bing

Bing은 마이크로소프트사에서 만든 검색 서비스이다. 구글이 전 세계 검색엔진에서 절대 강자인 상황에서 Bing에 챗GPT를 탑재한 서비스를 내놓았다. 새로운 버전의 Bing을 사용하기 위해서는 먼저 Bing 홈페이지(https://www.bing.com/)에 접속해서 Bing에 가입한다. 그리고 새로운 Bing 대기 목록에 등록해야 한다.

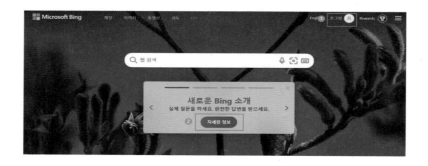

[그림 1-9] Bing 대기 목록 등록하기

　대기 목록에 등록한 후 마이크로소프트로부터 사용할 수 있다는 메일을 받으면 이때부터 챗GPT가 탑재된 Bing을 이용할 수 있다. 지금까지는 검색을 통해 검색 결과가 나오면 사용자가 검색 결과를 토대로 새로운 정보를 얻었다면 Bing은 기존의 검색 결과뿐 아니라 오른쪽에 대화형 문장을 통해서 답변도 제공한다.

　영어와 한글 모드를 선택할 수 있고 검색창에 원하는 질문을 하면 왼쪽에는 검색 결과를 제공하고 오른쪽에는 검색 결과를 정리해서 답변을 제공한다. Bing의 채팅과 챗GPT의 차이점은 답변의 최신성이다. 챗GPT는 2021년까지의 데이터를 기반으로 답변을 하므로 최신의 정보를 분석하고 제공하는데 제한이 있지만, Bing은 최신의 정보를 제공한다. 또한 답변의 출처 및 참고 사이트도 주석과 같이 제공한다. 밑줄친 부분에 마우스를 가져가면 참고 사이트를 바로 연결하도록 창이 나온다. 그리고 답변이 끝나면 추가적인 질문을 하는 데 도움이 되는 예시 질문도 제공된다.

[그림 1-10] Bing 검색사용 예시

본격적으로 Bing과 채팅을 통해 정보를 얻기 위해서는 채팅 모드를 선택한다. 채팅 화면은 챗GPT와 비슷한 인터페이스를 보여주지만 참고 사이트와 추가 질문 예시 등이 새롭게 제시되는 기능들을 이용할 수 있다.

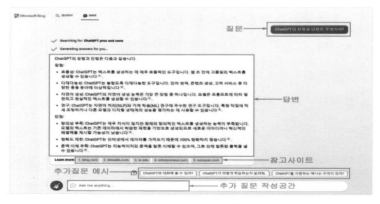

[그림 1-11] Bing 채팅 사용 예시

마이크로소프트 프로메테우스(Prometheus) 모델 탑재로 오픈AI 모델을 사용한 Bing은 그 능력을 최대한 활용할 수 있는 독점 방식으로 개발되었다. 검색 및 채팅이 통합된 방식으로 사용자에게 편의성을 제공한 Bing이 앞으로 어떻게 발전할지 기대가 된다.

생성형 인공지능의 시대,
인간의 역할

    OpenAI와 구글 간의 생성형 인공지능 경쟁은 일반 기업이 범접할 수 없는 기술, 인력, 자본의 대결이다. 이제 일반 기업은 이들 두 회사가 보유한 API로 무엇을 할 수 있는지, 어떻게 사용하여 부가가치를 창출할 수 있는가가 생존 전략이 될 것이다. 혁신적인 인공지능 활용 아이디어가 기업의 가치가 되거나, 거대기업이 인수합병을 노리는 소기업의 핵심 기술이 될 수 있다는 것이다. 이때 '핵심 기술'은 쉽게 도용할 수 없어야 하므로, 인문학과 공학이 결합한 융복합적인 기술이 될 것이다. 특히 개인의 오랜 경험과 노하우를 통해서 구축된 알고리즘에 인공지능을 더하는 방식의 차별화된 서비스가 '핵심 기술'이 될 것이다. 현재는 프롬프트도 핵심 기술의 하나이다. 프롬프트(prompt)는 컴퓨터 터미널 또는 터미널 에뮬레이터의 CLI(커맨드 라인 인터페이스)의 명령줄을 가리킨다. 최근 챗GPT의 확산으로 DALL-E, Stable Diffusion과 같은 AI 모델을 활용할 때 최상의 결과물을 얻는 생성형 명령어라고 할 수 있다. PromptBase라는 프롬프트를 사고파는 마켓플레이스가 운영되고 있는데, 이미지 샘플을 보고 DALL-E, Midjourney 및 GPT-3에 대한 쓸모 있는 양질의 프롬프트를 구매할 수 있다. 이미 프롬프트 베이스(PromptBase)는 많은 이들에게 프롬프트로 이미지를 구성하는 방법에 대한 많은 인사이트를 주는 사이트가 되었다.

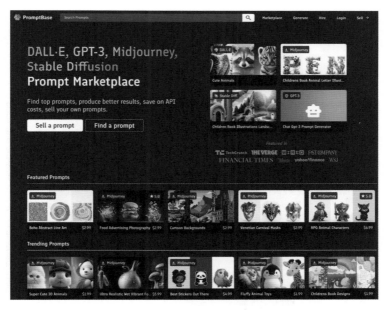

[그림 1-12] https://promptbase.com/ 메인페이지

프롬프트 설계의 핵심 기술도 지속적으로 수요에 따라 발전과 진화하며 공진화(共進化, coevolution)하고 있다. 과거에는 데이터를 많이 보유하여 학습시킨 독자적인 인공지능을 가진 회사들이 기업 가치를

인정받았다면, 이제는 '무엇'을 할 수 있는가에 대한 고유의 아이디어를 가진 소기업도 인공지능 기업이 될 수 있다. 저렴하게 활용할 수 있는 초거대기업의 API를 가지고 새로운 부가가치를 생산할 수 있는 서비스를 누가 얼마나 빠르게 만드는가가 관건이다. 이렇게 '챗GPT' 인공지능을 어떤 문제에 적용하여 문제 해결을 해야 할까가 소기업의 존폐를 결정하게는 시대가 되었다. 인공지능 서비스 기획자와 웹디자이너의 가치가 상승하고, 코딩을 빠르고 정확하게 하는 고급 개발자의 수요는 줄어들 것이다.

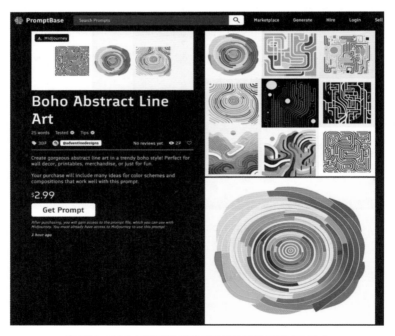

[그림 1-13] 2.99달러에 해당 디자인에 대한 프롬프트 구매

최근 챗GPT 활용 사례, 각 기관의 대응 사례 다음으로 많이 나오는 기사는 테크기업들의 구조조정에 대한 것이라니 씁쓸하다. 챗GPT에 구글이 사람들을 왜 해고하는지 물어보았다. 시장 조건에 맞추어 비용을 절감하고, 새로운 사업에 집중하기 위함이라는 대답이 나온다. 또한 자신의 대답에서 한계점을 명확히 알리고, 구글에 문의하라고 한다. 이제 일반인들은 무엇을 연구하고 개발해야 할까? 챗GPT 시대의 본질적인 사회 문화적 변화는 과연 무엇인가? 지금부터 탐색해 보도록 하자.

뉴칼라(new collar)의
중요성과 인공지능의 활용

　인공지능의 발달로 미래학자들은 현존하는 직업의 80% 이상이 사라질 것이라는 예측도 있었다. 사람들의 일자리를 인공지능이 대신하게 되는 시대는 맞지만 사실 생성형 인공지능이 대체하는 일자리는 극히 일부분에 불과하다. 직업의 총 개수가 사라지는 것은 절대 아니다. 파괴적 혁신 때문에 직업에 갑작스러운 수요와 공급의 불균형이 발생하면서 빠르게 인재상이 변하는 것이다. 산업화 과정에서 인간이 육체적·인지적 노동을 하던 시대에서, 인간 본연의 상상력과 창의성을 발휘해야 하는 시대로 전환되는 것뿐이다. 인간은 새로운 환경 속에서 인간은 인간 고유의 능력을 발휘해야 더 큰 부가가치를 창출할 수 있다.

　IBM의 CEO Rometty는 2017년 다보스 포럼에서 인공지능과 빅데이터가 지배하는 세상에서 블루칼라[1]와 화이트칼라[2]의 역할은 미미하

---

1 블루칼라(Blue collar): 생산직 등 노동자
2 화이트칼라(white collar): 전문 사무직

여서 뉴칼라(new collar)[3] 양성이 필요함을 강조한 바 있다. **'뉴칼라'는 새로운 것을 창조하고 연구 개발하는 능력이 뛰어난 사람들을 의미한다.** 특히 이들은 하드웨어와 소프트웨어 활용 능력이 뛰어나고, 창의성을 발현하여 새로운 지식을 직접 생산, 판매하기도 한다(하선영, 2017). 이미 '뉴칼라'가 생산한 제품과 콘텐츠는 온라인 플랫폼을 타고 글로벌 경제에서 막대한 부가가치를 창출하고 있다.

뉴칼라는 기존 직업군에 더 많이 필요하다. 과거 사라질 직업의 한 예로 의사와 같은 전문 직업군을 꼽은 적도 있지만, 이미 인공지능이 의사라는 직업을 대체하리라는 예측은 빗나갔다. 의사의 의사결정을 돕는 인공지능은 새로운 치료기술을 개발하는 의학 연구자를 지원한다. 정보를 빠르게 검색하고 정리할 수 있으며, 사람이 발견하기 어려운 빅데이터를 분석하고, 이상한 데이터를 효율적으로 발견할 수 있다. 뉴칼라들은 인공지능을 활용하여 더 많은 일을 효율적으로 할 수 있게 되었고, 뉴칼라들의 일을 지원하는 인지적 노동을 인공지능이 대신하게 되면서, 화이트칼라의 직업이 빠르게 인공지능으로 대체되고 있다. 하지만 직업의 총량은 그대로다. 기존 직업군, 기술이나 산업 군에서 단지 뉴칼라의 가치가 급상승하고 있고, 희소한 만큼 더 많은 뉴칼라가 필요하게 된 것이다. 그리고 이들은 전문 지식과 경험을 토대로 자신의 분야에 프롬프트를 가장 잘 생산할 수 있는 전문성을 가지고 있다.

---

3 뉴칼라(new collar): IBM CEO Ginni Romety가 2017년 다보스 포럼에서 제안한 용어이다. 뉴칼라는 새로운 것을 창조하고 연구·개발하는 능력이 뛰어난 계급을 말한다.

예를 들어 디자인 분야의 뉴칼라는 어떤 모습일까? 예를 들어 온라인 게임은 막대한 부가가치를 생산할 수 있는 콘텐츠 분야인 만큼 투자해야 하는 비용도 많다. 게임의 세계관, 규칙, 캐릭터 개발, 그래픽 디자인까지 많은 뉴칼라가 필요하다. 과거 게임 디자인 분야에는 이미지를 생성하기 위한 고급 디자이너가 많이 필요했다면 이제는 인공지능이 기존의 디자인을 토대로 이미를 생성한다. 이제 뉴칼라 디자이너가 생성형 인공지능을 활용하여 디자인을 시작했다고 가정하고, 3대 대표 인공지능 엔진 홈페이지의 활용 방법에 대해서 안내해보고자 한다.

현재 AI 이미지 생성과 관련해서 크게 3가지 모델, 즉 DALL-E, Stable Diffusion(SD), Midjourney가 존재한다. 프롬프트를 통해 이미지를 만드는 방식은 크게 두 가지 방법이 존재하는데, 온라인을 통해 서비스를 받는 방법 그리고 직접 컴퓨터에 설치하는 방법이 있다. 직접 설치하는 방법의 경우 컴퓨터의 최소 하드웨어 사양을 충족시켜야 하며 좋은 하드웨어일수록 이미지를 만들어내는 시간을 단축할 수 있다. WEBUI, 코랩, 구름 등의 외부 서버를 사용하는 방식도 존재하지만, 개발자용 서비스에 해당하고 이 책의 지면에서 다루기는 부적합하다. 일반적으로 온라인에서 제공하는 서비스를 이용하면 전문가용보다는 적은 옵션을 제공하지만, 해당 회사가 지원하는 하드웨어를 사용하기 때문에 설치 없이 쉽고 빠르게 만들 수 있으며 일반적인 서비스에도 적합한 프롬프트를 입력한다면 손쉽게 목적에 맞는 이미지를 생성해 낼 수 있다.

웹상에 수많은 인공지능 이미지 생성 사이트가 존재하며 그 사이트마다 이미지를 만들 수 있는 페이지가 존재한다. 사이트마다 이미지를 만드는 옵션과 설정값의 표현은 다르지만 대부분 앞서 설명한 3대 모델 중 두 가지를 기반으로 하고 있다. DALL–E와 Stable Diffusion(SD)이 그 모델들이다.

1. DALL-E2 달리2

DALL-E2(https://labs.openai.com/)는 오픈AI가 개발한 자연어 서술로부터 이미지를 생성하는 기계 학습 모델이다. 애니메이션 영화 '월-E(WALL-E)'와 초현실주의 화가 살바도르 달리에서 따온 이름이 DALL-E라고 한다. 2021년 1월 블로그 게시물에서 오픈AI에 의해 공개되었으며, 이미지 생성을 위해 개조된 GPT-3 버전을 사용하고 있다. 2022년 4월, 오픈AI는 DALL-E2를 발표하였고, 7월에는 대규모 베타 버전 테스트를 위해서 신규 사용자는 먼저 한 달에 50개의 크레딧을 주고 다음 달부터는 15개의 무료 크레딧을 제공하는 방식으로 운영 중이다. 달리로 생성한 이미지 소유권은 오픈AI에 귀속된다고 되어 있지만, 자신이 생성한 이미지를 복제하여 출처를 표시하고 사용할 수 있는 독점 권한을 가지게 된다. DALL-E2는 콘셉트, 속성, 스타일을 통합하여 더 높은 해상도의 더 사실적인 이미지를 생성할 수 있음을 보여주었다. 로그인 후 나오는 DALL-E2 프롬프트 입력 페이지에는 'Surprise me' 버튼을 누르면 사이트에서 무작위 프롬프트를 생성해주기도 한다. 단어와 이미지 사이의 연관성을 학습한 인공지능 모델에 개인이 프롬프트를 입력하면 1,024 ×1,024픽셀의 렌더링 된 이미지가 반환된다.

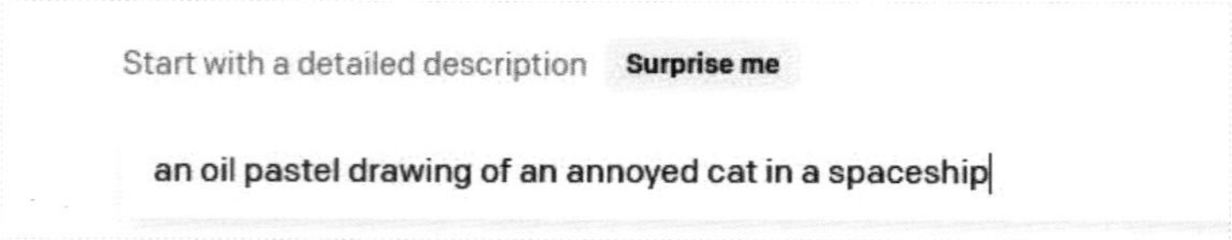

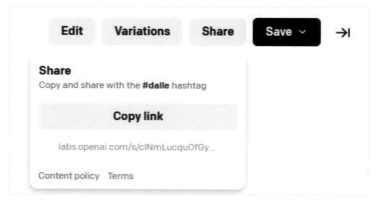

[그림 1-14] 'Surprise me' 기능

(출처: https://labs.openai.com/)

[그림 1-15] 만든 이미지를 공유하는 링크 생성 메뉴

(출처: https://labs.openai.com/)

이미지를 업로드하고 합성해 크기를 확장할 수 있는 '아웃페인팅'
이 베타 서비스 중이다. '아웃페인팅'은 사진 사이에 시각적 브리지를
생성해 여러 사진을 하나로 병합할 수 있다. 1,024 ×1,024픽셀 안에 추
가할 이미지에 대한 프롬프트를 지정할 수 있다. '아웃페인팅'은 그림
자나 반사, 텍스처 등 기존 시각적 요소가 이미지에 반영된다.

DALL-E2는 모든 사용자가 자신의 갤러리를 오픈하는 형태는 아니다. 그림에서 보여주는 메인 입력 창 아래에 있는 갤러리의 경우 사용자가 구글 폼을 활용하여 생성한 이미지를 제출하여 공개하는 방식이다. 이러한 시스템은 개인 사용자가 DALL-E2를 활용해서 어떠한 작업을 하고 있는지는 알 수 있지만, 개인이 생성한 콘텐츠에 대한 철저한 보안이 유지되고 있다는 장점으로 해석할 수 있다. 그리고 개인이 만든 작품을 모아 갤러리를 통해 공유하는 링크 기능은 존재한다. 개인이 아티스트로서 창작물을 생성하고 작가로 데뷔할 수 있는 것이다.

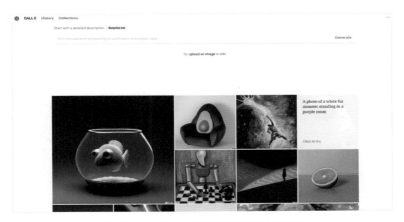

[그림 1-16] DALL-E2 메인페이지의 갤러리

(출처: https://labs.openai.com/)

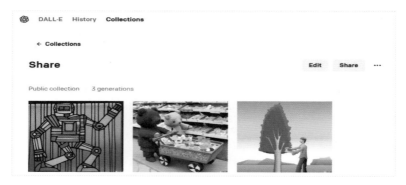

[그림 1-17] DALL-E2에서 제공하는 개인 작품 갤러리

(출처: https://labs.openai.com/sc/d6yu5pjIBel1s5i5p0vJxeru)

또한 개인 히스토리 기능을 통해서 지금까지 만든 이미지를 모아 볼 수도 있다.

[그림 1-18] DALL-E2 개인 히스토리 기능

(출처: https://labs.openai.com/history)

2. Stable Diffusion 스테이블 디퓨전

Stable Diffusion(이하 SD, https://stablediffusionweb.com)은 어떤 프롬프트 입력에 대해서도 이미지를 생성할 수 있는 잠재적인 텍스트-이미지 확산 모델이다. 특히 오픈소스로 많은 유저를 무한한 창작의 세계로 이끌고 있다. SD의 프롬프트 입력 데모 페이지이다. 네거티브 프롬프트 입력창이 존재한다. 네거티브 프롬프트에 자연어를 적으면 해당하는 이미지는 제외되고 생성된다.

[그림 1-19] Stable Diffusion 메인페이지

(출처: https://stablediffusionweb.com/)

고급 옵션 칸에 CFG(Classifier-Free Guidance)가 존재한다. CFG는 얼마나 프롬프트를 따라 이미지를 생성할지 스케일을 결정하는데 수치가 커질수록, 주어진 프롬프트 문자열에 근접한 이미지를 생성할 수 있다. 보통 스케일은 7~15 정도를 사용하고, 낮은 수치를 사용하는 경우 AI의 자율적인 판단이 더 많이 개입된 이미지를 생성하게 된다. 현재 SD는 오픈소스라는 장점 때문에 많은 플랫폼에서 SD의 API를 적용한 서비스를 운영 중이다. SD 플랫폼이 아니더라도, SD를 사용할 수 있는 것이다. 예를 들어 SD 드림스튜디오라는 별도의 베타 버전 이미지 생성기 사이트가 존재한다. 뒤에 프롬프트를 설명할 때 Stable Diffusion의 다양한 활용을 더 소개하도록 하겠다.

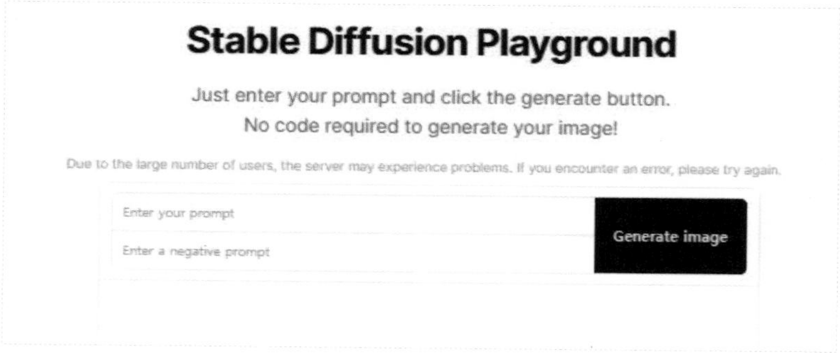

[그림 1-20] Stable Diffusion의 프롬프트 입력 데모 페이지

(출처: https://stablediffusionweb.com/#demo)

[그림 1-21] 인공지능의 개입 정도를 스케일 값으로 조절

(출처: https://stablediffusionweb.com/#demo)

드림스튜디오에는 SD(Stable Diffusion) 1.4~2.0 버전의 API가 연결되어 있다. 이미지 사이즈, 생성되는 이미지의 개수, CFG(classifier-free guidance) 등 세부적인 옵션이 존재한다. 처음 체험판 사용 후 결제해야 사용할 수 있는 대표 유료 버전이다.

[그림 1-22] 드림스튜디오 메인페이지 화면

(출처: https://beta.dreamstudio.ai/dream)

3. Midjourney 디스코드 미드저니

Midjourney(https://midjourney.com)는 새로운 사고 매체를 탐구하

고 인류의 상상력을 확장하는 독립 연구실이다. Midjourney는 디스코드에서 이미지 생성이 이루어진다. 채팅창에 명령어 /imagine prompt:Logos with the name 'da Vinci books'를 입력하고 있는 모습이다. U는 Up-scale을 의미하며 선택한 이미지를 더욱 큰 사진으로 만들어준다. V는 Variation으로 선택한 이미지를 기준으로 더 다양한 이미지를 만들어준다. 숫자는 순서대로 왼쪽에서 오른쪽으로 1~2번 하단 왼쪽에서 오른쪽으로 3~4번이다. 자신의 디스코가 홈페이지에 연결되어 있다면 Midjourney의 Community showcase 화면([그림 1-22] 참조)처럼 자신이 만들었던 이미지를 한 번에 모아서 볼 수 있고, 커뮤니티에 공개된 다른 사람들이 만든 이미지를 구경할 수도 있다. 유료 결제를 하면 공개된 이미지의 프롬프트 확인도 가능하다. Midjourney 최초 가입 시 이미지를 25회 무료로 생성할 수 있다. 유로의 경우 한 달에 10달러는 200개, 30달러는 그림 무제한, 60달러는 생성된 이미지를 비공개할 수 있는 서비스를 제공한다.

[그림 1-23] Midjourney 메인페이지 화면

(출처: https://midjourney.com/)

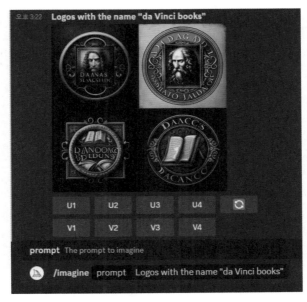

[그림 1-24] 프롬프트 입력

(출처: https://midjourney.com/)

[그림 1-25] Midjourney의 Community showcase 화면

(출처: https://www.midjourney.com/showcase/recent/)

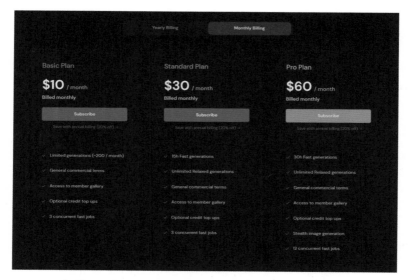

[그림 1-26] 독자적인 모델을 보유한 Midjourney의 과금 시스템

(출처: https://www.midjourney.com/account/)

프롬프트 검색/
온라인 갤러리

1. PromptBase 프롬프트 마켓

지금까지 설명한 것처럼 프롬프트는 챗GPT나 DALL-E2와 같은 AI 모델을 활용하기 위해서 입력하는 자연어 조합을 의미한다. 대화형으로 텍스트를 입력하는 방식으로 활용성과 범용성이 높다. 처음 챗GPT를 접하는 사람들은 그간 궁금했던 것을 물어보거나, 자신이 전문적 지식을 가지고 있는 분야에 대해 질문하며 인공지능의 성능을 테스트한다. 현재 국내에도 챗GPT를 활용해서 출간된 도서가 있다. 저자가 챗GPT이다. 사람들은 챗GPT 인공지능이 쓴 글이라는 사실에 흥미를 느끼고 책을 구입하여 베스트셀러에 랭크되어 있다. 이미지, 영상 분야 사람들은 DALL-E2, Midjourney 및 GPT-3를 활용하여 양질의 프롬프트를 구성하려고 하고, 해당 영상물과 이미지를 쇼케이스에 게시하거나, 유료로 판매하기도 한다. 결국 챗GPT나 DALL-E2, SD나

Midjourney를 사용하려는 사람들은 프롬프트 엔지니어링을 연구하고 개발할 필요가 있다. 프롬프트 엔지니어링에 능숙하다면 프롬프트 생성 기술로 앞으로 생계를 꾸릴 수 있는 시대가 오고 있다.

PromptBase(https://promptbase.com)는 최상의 결과를 생성하고 API 비용을 절약하는 고품질 프롬프트를 사고파는 마켓플레이스가 되고 있다. 프롬프트를 꼭 사지 않더라도, 프롬프트 베이스는 많은 이들에게 챗GPT에 대한 인사이트를 줄 수 있는 사이트로 주목받게 되었다. [그림 1-27]처럼 원하는 이미지를 누르면 판매할 프롬프트에 대한 상세 내용과 가격을 볼 수 있다. Get Prompt 버튼을 누르면 즉시 결제 정보 입력창이 보이고 결제를 통해 즉시 구매할 수 있다. 프롬프트 구매 외에도 특정 프롬프트 엔지니어를 고용할 수 있는 공간도 존재한다. PromptBase 최초 가입 시 5 크레딧을 제공한다. 이미지를 만들고 바로 판매와 연동할 수 있는 버튼이 존재한다. [그림 1-30]에서 볼 수 있는 것처럼 개인은 판매할 프롬프트의 제목, 내용을 적고 가격을 측정할 수 있다. [그림 1-31]에서 보이는 것처럼 개인이 개발한 프롬프트로 생성된 최소 5개의 이미지를 넣어야 판매 등록이 가능하다. 하지만 돈을 받을 계좌를 연결해야 한다. 아직 한국의 경우 연계된 은행이 없어서 해외에 체류 중인 사람들만 PromptBase에서 사고팔 수 있다.

[그림 1-27] 프롬프트를 구매할 수 있는 서비스.

(출처: https://promptbase.com/prompt/food-advertising-photography)

[그림 1-28] PromptBase의 이미지 생성화면

(출처: https://promptbase.com/generate)

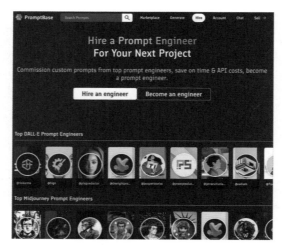

[그림 1-29] 프롬프트 엔지니어를 위한 선택기능

(출처: https://promptbase.com/hire)

[그림 1-30] 프롬프트 제품등록

(출처: https://promptbase.com/generate)

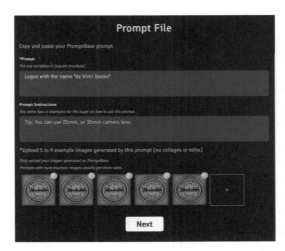

[그림 1-31] 판매 등록

(출처: https://promptbase.com/generate)

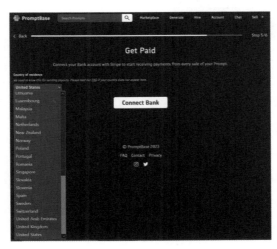

[그림 1-32] 계좌 등록

(출처: https://promptbase.com/generate)

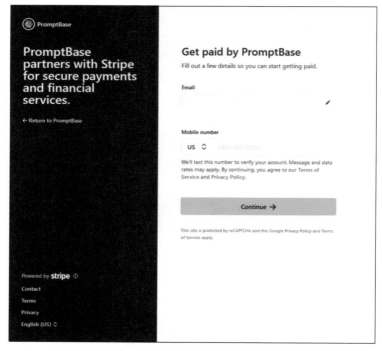

[그림 1-33] 지원하는 국가의 계좌인증 후 판매

(출처: https://promptbase.com/generate)

2. Lexica의 네거티브 프롬프트

　Lexica(https://lexica.art/)에서는 Stable Diffusion으로 생성한 수천 개의 결과물을 오픈해 두어, 자신이 원하는 이미지와 유사한 이미지를 생성을 할 수 있다. 자신이 마음에 드는 특정 이미지를 찾으면 '스타일 탐색' 버튼을 클릭하여 자신이 원하는 스타일과 일치하는 수천 개의 다른 이미지 및 프롬프트를 열람해 볼 수 있는 것이 특징이다. [그림

1-35]는 Explore this style 버튼을 눌렀을 때 보여지는 화면이다. 클릭하여 선택한 이미지와 유사한 이미지들이 보인다.

[그림 1-34] Lexica의 메인페이지를 통한 이미지 서치

(출처: https://lexica.art/)

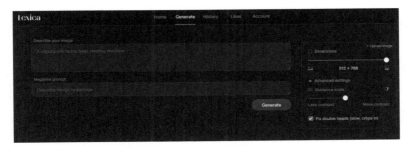

[그림 1-35] 프롬프트, 네거티브 프롬프트, CFG를 지원하는 Lexica 이미지 생성

(출처: https://lexica.art/aperture)

[그림 1-36] Explore this style

Lexica의 메인페이지, Stable Diffusion 전용으로 이미지 서치를 할 수 있다. 렉시카의 가장 큰 장점은 일반적인 프롬프트 외에도 네거티브 프롬프트, 그리고 CFG를 지원한다는 점이다. 네거티브 프롬프트를 입력하는 것은 일반적으로 프롬프트만 입력하거나, 프롬프트에 대한 가중치를 제공하여 이미지를 렌더링하는 서비스와는 큰 차별점이다.

생성된 이미지를 기준으로 추가 이미지를 만드는 옵션들을 제공한다. 특히 Outpaint 기능의 경우 렌더링 된 이미지의 바깥 부분에 추가로 이미지를 만들어주는 기능을 제공한다. 또한 Upload image 버튼을 누르면 생성한 사진을 올릴 수 있다.

[그림 1-37] 생성된 SD 이미지

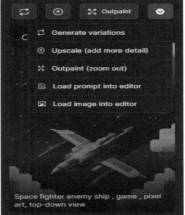
[그림 1-38] Outpaint 기능

[그림 1-39] Outpaint 결과

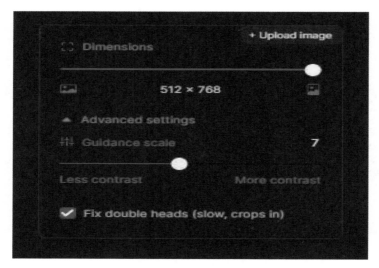

[그림 1-40] 이미지 업로드 전

(출처: https://lexica.art/aperture)

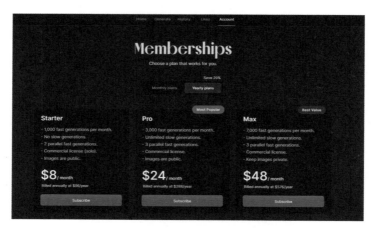

[그림 1-41] Lexica 이미지 생성 결제창

(출처: https://lexica.art/aperture)

3. DeepDanbooru의 프롬프트 생성 서비스

DeepDanbooru(http://dev.kanotype.net:8003/deepdanbooru/)는 태그 추정 시스템이다. 사실 이미지만 보고 어떤 프롬프트를 입력해서 생성했는지, 특히 어떤 프롬프트에 얼마만큼의 가중치를 부여했는지를 알기는 어렵다. 그렇기에 PromptBase 같은 페이지가 활발하게 운영되고 있기도 하다. 그래서 프롬프트를 생성해주는 서비스는 없을까 고민하다가 발견한 사이트가 DeepDanbooru이다. [그림 1-42]처럼 사진을 업로드하면 발견된 프롬프트와 가중치를 제공해 준다. 이렇게 받은 프롬프트를 조합하여 새로운 이미지를 만들 수도 있고, [그림 1-43]처럼 가지고 있는 이미지에 추가로 프롬프트를 넣어서 이미지를 변형 생성하는 기능도 제공하고 있다.

[그림 1-42] 추출된 프롬프트와 가중치

(출처: http://dev.kanotype.net:8003/deepdanbooru/)

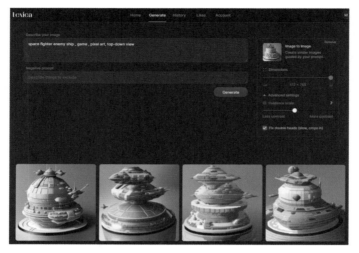

[그림 1-43] image to image 약칭: i2i

(출처: https://lexica.art/aperture)

4. Playground AI 이미지 편집

　Playground AI(https://playgroundai.com)는 AI 이미지를 편집하는 새로운 방법이다. Playground에는 AI 편집 기능이 있는데, 세부적인 편집이 가능하고 이미지를 합성할 수 있다. 인페인팅 및 마스킹 기능을 활용하여 AI가 더 향상된 이미지를 제공한다. 갤러리로 입장해서 이미지를 누르면 이미지를 생성한 프롬프트를 확인할 수 있다. Remix 버튼이나 Edit 버튼으로 이미지를 재생성할 수도 있다. 일부 기능은 유료이다.

[그림 1-44] Playgroundai 메인페이지

(출처: https://playgroundai.com/)

Remix 버튼을 누르면 프롬프트가 자동으로 입력된 이미지 생성화면이 나타난다. 일부 기능은 결제 후 사용이 가능하다. Edit 버튼으로 누르면 추가로 프롬프트를 입력해서 기존의 이미지를 발전시킬 수 있는 옵션이 만들어진다. Playground AI에서는 필터 기능이 존재하여 최종으로 생성된 이미지에 다양한 스타일을 만들 수 있다. 일부 기능은 결제 후 사용할 수 있다.

[그림 1-45] 갤러리 메뉴에서 볼 수 있는 프롬프트

(출처: https://playgroundai.com/post/cled4ycqa01n2s601zrqudto6)

5. Open Art 이미지 생성

　　OpenArt(https://openart.ai)는 Stable Diffusion, DALL·E2를 통해 AI 아트 및 AI 이미지를 생성하는 플랫폼이다. 일러스트레이션을 통해 캐릭터를 만들거나, AI를 활용하여 스토리텔링을 향상시킬 수 있음을 보여준다. 갤러리의 이미지를 선택하면 프롬프트와 하단에 유사한 이미지가 자동으로 검색 정렬되어 편리하게 사용할 수 있다. OpenArt 이미지 생성기는 세부적인 옵션을 제공한다. 이미지 생성 개수, 이미지 사

이즈, CFG, Step, Sampler, Seed 등 일반적으로 기본값으로 사용해도 충분하다. Openart는 Stable diffusion, DALLE 외에도 다양한 커스텀 모델을 제공한다.

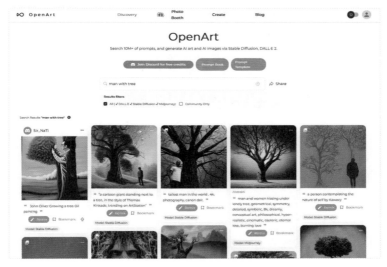

[그림 1-46] OpenArt 메인페이지

(출처: https://openart.ai/)

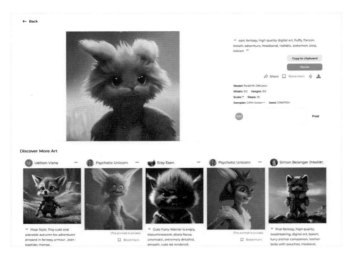

[그림 1-47] 갤러리의 이미지

(출처: https://openart.ai/community/3ICGHq2a8iaVBTTWm6DH)

[그림 1-48] 커스터마이징 화면

(출처: https://openart.ai/create)

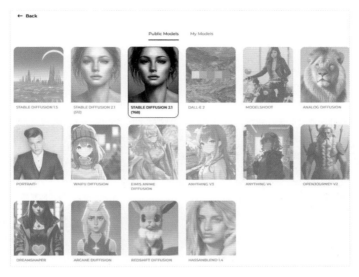

[그림 1-49] 다양한 커스텀 모델 제공

(출처: https://openart.ai/create)

6. PromptHero 프롬프트 공유 플랫폼

PromptHero(https://prompthero.com/)는 DALL-E, Stable Diffusion, Midjourney 3사와 Openjourney 검색을 지원하여 AI 프롬프터를 공유하는 플랫폼이다. 이곳에서 전문가들은 자신의 노하우를 공유하고, 결과물을 공개하며, 기술을 연마하고, 멋진 이미지를 만들어 가는 작업을 진행한다. 이곳 갤러리에서 이미지를 선택하면 해당 이미지의 프롬프트를 확인할 수 있다. 또한 Edit in prompt studio 버튼을 누르면 바로 프롬프트가 입력되고 만들어진 이미지의 설정값이 적용된다. prompthero AI 이미지 생성에 관하여 유료 교육코스를 자체로 제공한다. 처음 사용자는 25개의 이미지를 무료로 만들 수 있고 한 달에 9달러를 결제하면 300개의 그림을 만들 수 있다.

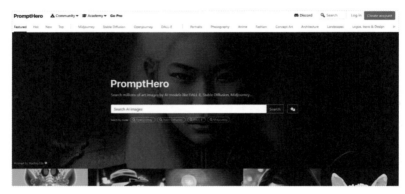

[그림 1-50] prompthero 메인화면

(출처: https://prompthero.com/)

[그림 1-51] 해당 이미지의 프롬프트 확인 기능

(출처: https://prompthero.com/prompt/f692e096b35)

[그림 1-52] Edit in prompt studio 버튼으로 프롬프트 가중치 제어

(출처: https://prompthero.com/prompt-builder/f692e096b35)

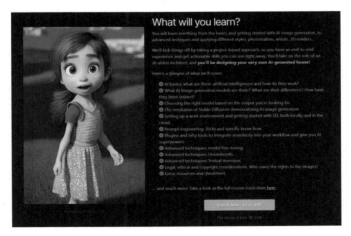

[그림 1-53] prompthero AI 이미지 생성 유료 교육코스

(출처: https://prompthero.com/academy/prompt-engineering-course)

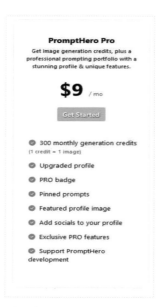

[그림 1-54] 유료 사용자 정책

(출처: https://prompthero.com/pro)

7. Eye for AI 프롬프트 빌더

Eye for AI(https://eyeforai.xyz)는 1분 안에 텍스트에서 이미지를 생성하여 복잡한 프롬프트를 쉽게 만드는 시각적 '프롬프트 빌더'이다. 코드 없는 워크플로를 위한 템플릿으로 프롬프트를 저장한다. 제공하는 프롬프트를 자신의 프롬프트와 함께 사용할 수 있도록 이미지에서 AI를 훈련한다. 그리고 이미지를 생성하는 워크플로를 빠르게 제작할 수 있다. 따라서 좋아하는 프롬프트를 템플릿으로 저장하고 나중에 이미지를 빠르게 생성하는 데 사용할 수 있다. 제공하는 템플릿은 업로드된 이미지 또는 텍스트 프롬프트에서 작동하게 된다.

Eye for AI에서는 사용자에게 시각적으로 프롬프트 옵션을 추가로
제공한다. Eye for AI는 사용자가 이미지를 학습시켜 볼 수 있는 기능
을 지원한다. Eye for AI는 1 크레딧당 한 개의 그림을 생성할 수 있다.
그리고 맨 처음 가입자에게는 25개의 크레딧을 무료로 제공한다.

[그림 1-55] Eye for AI의 메인페이지

(출처: https://eyeforai.xyz/)

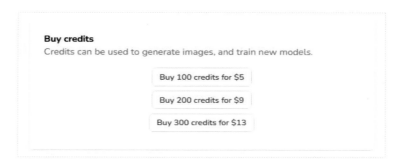

[그림 1-56] Eye for AI의 유료 사용자 정책

[그림 1-57] 시각적인 프롬프트 선택 옵션

8. Promptly.Pro 프롬프트 변경 사이트

Promptly.Pro((https://promptly.pro)는 AI 아트 생성기를 최대한 활용할 수 있도록 완벽한 프롬프트를 제공하는 AI 도구를 포함하고 있다. Promptly.Pro는 자연어를 입력하면 AI가 인식하기 쉬운 프롬프트로 변경해준다. MagicPrompt-Stable-Diffusion GPT-2를 사용하여 사용자의 프롬프트에 추천 프롬프트를 추가로 제시해 준다.

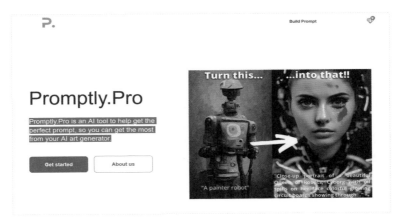

[그림 1-58] promptly의 메인화면

(출처: https://promptly.pro/?stay=yes)

[그림 1-59] 자연어를 입력하면 AI가 인식하기 쉬운 프롬프트로 변경

(출처: https://promptly.pro/build)

[그림 1-60] MagicPrompt-Stable-Diffusion GPT-2를 사용하여 사용자의
프롬프트에 추천 프롬프트를 추가로 제시

(출처: https://huggingface.co/spaces/Gustavosta/MagicPrompt-Stable-Diffusion)

생성형 인공지능을
기존 직무에 통합하는 노하우

생성형 인공지능을
기존 직무에 통합하는 노하우

생성형 인공지능의 시대, 어떤 프롬프트로 무엇을 할까?

인공지능과
인간의 공존

1. 때로는 두려운 인공지능

[그림 2-1] 어벤져스: 에이지 오브 울트론(좌),[4] 2001: 스페이스 오디세이(우)[5]

---

4 https://www.marvel.com/movies/avengers-age-of-ultron

5 http://m.cine21.com/movie/photo/?movie_id=1223&img_id=381115

영화 '어벤져스: 에이지 오브 울트론'(2015)에는 아이언맨(토니 스타크)이 만든 울트론이라는 AI가 등장한다. 울트론이 처음 만들어진 이유는 지구의 평화 유지를 위해서였다. 하지만 지구를 구하는 유일한 방법이 인간을 제거하는 것이라고 판단한 울트론은 인간이 멸종하고 기계만 남는 새로운 세계 질서를 만드는 것을 목표로 삼고 어벤져스를 공격한다. 인공지능이 실제 위협이 발생하기 전에 예측하고 대응하는 능동적 방어 시스템 역할을 하면 미래의 재난을 방지할 수 있다고 생각했지만, 결과는 그 반대였다.

'2001: 스페이스 오디세이'(1968)에서도 인공지능인 HAL 9000은 오작동을 일으켜 인간을 공격하고, '터미네이터'(1984)와 '매트릭스'(1999)에서도 기계가 인간 세상을 장악하는 디스토피아적인 미래가 등장한다. 이처럼 사람들의 창작물에서 인공지능과 함께하는 부정적 미래가 그려지는 이유는 무엇일까?

챗GPT가 처음 소개되었을 때 일반인들의 반응은 여러 가지로 나뉘었다. '신기하다, 좋다, 경이롭다'와 같은 긍정적인 단어뿐 아니라 '무섭다, 소름 끼친다, 두렵다'와 같은 부정적인 단어들도 함께 나왔다.

이미 사람들의 생활 속에 널리 활용되고 있는 약한 인공지능에 대한 반응이라기보다는 아직은 등장하지 않은 강한 인공지능에 대한 두려움과 거부감일 것이다. 약한 인공지능은 게임, 음성 인식, 이미지 인식, 자동차 운전 등과 같은 특정 작업 또는 일련의 작업을 수행하도록 설계된 인공지능을 말한다. 이러한 시스템은 특정 규칙과 알고리즘을 따르도록 프로그래밍이 되어 있으며 설계된 제한 내에서만 작동할 수 있다. 하지만 강한 인공지능은 인간이 할 수 있는 모든 지적 작업을 수행할 수 있으며 특별히 프로그래밍하지 않고도 새로운 상황과 작업을 배우고 적응할 수 있다. 인공지능이 의식을 갖고 자기 인식과 추론을 할 수 있는 수준이라고 말할 수 있다.

기계가 인간과 얼마나 비슷하게 대화할 수 있는지를 기준으로 기계에 지능이 있는지를 판별하고자 하는 '튜링 테스트'를 GPT-4가 인공지능 사상 처음으로 통과했다는 소문이 들리기도 한다. 그렇다면 사람들은 강한 인공지능에 대해 왜 두려움을 느낄까?

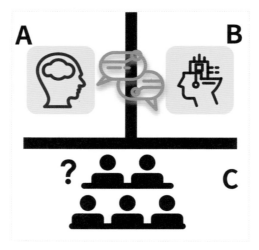

[그림 2-2] 튜링 테스트[6]

6 앨런 튜링(Alan Turing)은 1950년 철학 저널 『마인드』에 발표한 '계산 기계와 지성(Computing Machinery and Intelligence)'이라는 논문에서 "사람(C)이 대화 상대가 컴퓨터(B)인지 사람(A)인지 구분할 수 없다면 그 컴퓨터가 지능을 갖고 있다고 봐야 한다"라고 주장했다.

강한 인공지능, 즉 초지능이 인류에게 미칠 잠재적 위험 중 한 가지는 인공지능이 인간의 가치나 이익과 일치하지 않을 수 있는 자체 목표를 추구하는 것이다. 이는 인공지능이 세계를 장악하거나 대량 살상을 일으키는 것과 같은 재앙적인 결과를 초래할 수 있다. 또, 많은 양의 데이터를 처리하고 분석할 수 있는 능력을 갖춘 강한 인공지능은 개인이 자신에 대해 아는 것보다 개인에 대해 더 많이 알 수 있고 이는 잠재적인 조작 및 통제로 이어질 수 있다.

그렇다면 이러한 잠재적 위협과 두려움을 없애고 인간과 인공지능이 공존하기 위해서는 어떤 노력이 필요할까? 다음은 컴퓨터 과학, 철학, 심리학, 법률 및 윤리를 포함한 다양한 분야에서 함께 노력해야 하는 것들이다.

① 강력한 기술 표준 및 규정: 엄격한 기술 표준 및 규정 개발, 시스템 안정성, 테스트 프로토콜, 보안 조치 및 안전장치 표준화

② 윤리적·법적 프레임워크: 인공지능이 인간의 가치와 권리에 부합하는 방식으로 개발되고 사용되도록 프레임워크 개발

③ 대중 인식 개선 및 교육: 인공지능이 사회에 미치는 잠재적 영향에 대한 공개 토론, 워크숍, 교육 프로그램

④ 인간과 인공지능 간의 협업: 투명하고 해석할 수 있는 인공지능 시스템을 설계

⑤ 지속적인 모니터링 및 평가: 인공지능 시스템의 지속적인 테스트, 감사 및 성능 평가

⑥ 국제 협력: 인공지능 개발 및 배포에 대한 국가 간 협력, 글로벌 윤리 및 법적 기준, 국제 협약 및 지침 마련

위의 방법들은 인공지능을 활용하는 일반인들에게는 다소 어렵게 느껴진다. 먼저 우리가 할 수 있는 것부터 해보는 건 어떨까? 인공지능의 강점과 약점을 바르게 알아보고 인공지능에 대한 오해를 푸는 것이다. 인공지능을 이용해서!

2. 인공지능에 인공지능을 묻기

1) 인공지능을 두려워하지 않아도 되는 이유

인공지능에는 인간을 위협할 만한 힘이나 의지가 있을까? 그렇다 하더라도 인간이 인공지능을 두려워하지 않아도 될 구체적인 근거가 있을까? 챗GPT에 다음 질문을 해 보았다.

인공지능에 인간을 위협할 만한 힘이나 의지가 있나요?
Does artificial intelligence have the strength or will to threaten humans?

인공지능 그 자체로는 인간을 위협할 힘이나 의지가 없습니다. AI는 인간이 개발한 도구이며 프로그래밍과 알고리즘에 의해 행동이 결정됩니다. 그러나 AI가 개발, 배포, 사용되는 방식은 인간에게 미칠 수 있는 잠재적 위험에 큰 영향을 미칠 수 있습니다.

예를 들어, 특정 기능을 최적화하는 등 특정 목표를 염두에 두고 AI를 개발하는 경우, 예상치 못한 방식으로 작업을 수행하여 잠재적으로 사람에게 해를 끼칠 수 있습니다. 또한 AI에 중요한 시스템이나 제어에 대한 액세스 권한이 부여되면 의도하지 않은 결과나 오작동을 일으켜 인간에게 위협이 될 수 있습니다.

AI와 관련된 위험은 기술 자체에 고유한 것이 아니라 개발 및 사용 방식에 따라 달라질 수 있다는 점에 유의하는 것이 중요합니다. 따라서 연구자, 개발자, 정책 입안자가 함께 협력하여 안전, 보안, 윤리적 고려 사항을 우선시하는 책임감 있는 AI 관행을 개발하고 구현하는 것이 중요합니다.

ChatGPT의 몇 가지 약점은 다음과 같습니다.

(1) 제한된 지식 범위: ChatGPT는 대규모 데이터 세트에 대해 교육받았기 때문에 해당 데이터에 있는 정보만 가지고 있습니다. 결과적으로 ChatGPT는 학습 데이터에 없는 새로운 주제나 도메인에 대한 정보를 갖지 못할 수 있습니다.

(2) 학습 데이터의 편향: 학습 데이터에 편향이 있는 경우, ChatGPT는 이러한 편향을 학습하고 강화하여 편향되거나 차별적인 응답으로 이어질 수 있습니다. 예를 들어 학습 데이터에 특정 그룹에 대한 부정적인 고정관념이 포함된 경우 ChatGPT는 이러한 고정관념을 반영하는 응답을 생성할 수 있습니다.

(3) 맥락 이해 불가: ChatGPT는 그룹의 맥락을 이해하는 데 어려움을 겪을 수 있습니다. 부정확하거나 관련 없는 응답으로 이어지는 대화는 ChatGPT가 대화의 더 큰 맥락을 고려하지 않고 각 입력과 출력을 독립적으로 처리하기 때문입니다.

(4) 감성 지능 부족: ChatGPT는 감성 지능이 부족하여 대화에서 감정을 인식하고 반응합니다. 이에 따라 ChatGPT가 대화의 감정적 맥락에 둔감하거나 부적절한 응답을 생성할 수 있습니다.

(5) 창의력과 독창성에 대한 제한된 능력: ChatGPT는 새로운 텍스트를 생성할 수 있지만, 훈련 데이터에서 학습한 패턴에 의해 제한됩니다. 즉, 진정으로 독창적이거나 창의적인 응답을 생성하는 데 어려움을 겪을 수 있으며 대신 교육 데이터의 패턴에 의존할 수 있습니다.

구체적인 데이터로 뒷받침되는 인공지능을 인간이 두려워할 필요가 없는 몇 가지 이유가 있습니다:

(1) 인공지능은 현재 일반적인 지능을 갖추지 못했습니다: 인공지능은 이미지 및 음성 인식과 같은 전문 영역에서 상당한 진전을 이루었지만, 아직 인간 지능에 필적하는 일반 지능을 달성하기에는 한참 멀었습니다. 즉, 인공지능은 새로운 상황에 적응하고 창의적으로 사고하며 스스로 복잡한 결정을 내리는 데 한계가 있습니다.

(2) 인공지능은 이미 사회에 많은 긍정적인 기여를 하고 있습니다: 인공지능은 다양한 산업 분야에서 효율성, 안전성, 전반적인 삶의 질을 향상하는 데 활용되고 있습니다. 예를 들어, 인공지능 기반 의료 기기는 의사가 질병을 더 정확하게 진단하고 치료할 수 있도록 돕고 있으며, 자율주행차는 사고와 교통 혼잡을 줄이고 있습니다. PwC(PricewaterhouseCoopers)의 최근 연구에 따르면 인공지능은 2030년까지 세계 경제에 최대 15조 7,000억 달러의 기여를 할 수 있는 잠재력을 가지고 있습니다.

(3) 윤리적이고 책임감 있는 인공지능 개발을 보장하기 위한 노력은 계속되고 있습니다: 인공지능 파트너십과 자율 및 지능형 시스템의 윤리에 관한 IEEE 글로벌 이니셔티브와 같은 조직은 윤리적 고려 사항, 투명성, 책임성을 우선시하는 인공지능 개발 지침과 표준을 개발했습니다. 또한 전 세계 정부와 규제 기관은 인공지능을 둘러싼 윤리적 우려를 해결하기 위한 법률과 규정을 개발하기 위해 노력하고 있습니다.

(4) 인공지능은 인간과 협력하여 작동하도록 설계되고 있습니다: 인간을 대체하는 것이 아니라 인간과 함께 일할 수 있는 인공지능시스템을 개발하는 추세가 증가하고 있습니다. 협동 로봇(코봇)은 이러한 추세의 한 예로, 반복적이거나 위험하거나 정밀함이 필요한 작업에서 인간 작업자를 보조하도록 설계되었습니다. 이를 통해 인간 작업자는 더 높은 수준의 사고와 의사 결정 기술이 필요한 더 복잡한 작업에 집중할 수 있습니다.

이러한 요인들을 종합해 볼 때, 인간이 인공지능을 두려워할 필요가 없다는 것을 알 수 있습니다. 해결해야 할 윤리적 문제가 분명히 존재하지만, 인공지능은 이미 사회에 상당한 긍정적 기여를 하고 있으며, 책임감 있고 협력적인 인공지능시스템을 개발하려는 지속적인 노력은 잠재적 이점이 잠재적 위험보다 훨씬 크다는 것을 시사합니다.

인공지능이 사람을 해치고자 하는 결정을 할 때
다른 인공지능이 이를 저지할 수도 있나요?
When an AI makes a decision to harm a person, can another AI stop it?

사람을 해치기로 한 인공지능을 다른 인공지능이 막을 수 있는지는 해당 인공지능 시스템의 특정 기능, 해치려는 인공지능이 내린 결정의 성격 등 여러 요인에 따라 달라집니다.

일반적으로 인공지능 시스템은 프로그래밍 및 데이터 입력을 기반으로 독립적으로 작동하도록 설계되어 있으며, 특별히 함께 작동하도록 프로그래밍이 되지 않는 한 다른 인공지능 시스템의 행동이나 결정을 반드시 인식하지 못할 수도 있습니다. 또한 해를 끼치려는 의도를 가진 인공지능 시스템은 간섭이나 시스템 종료 시도에 저항하도록 설계될 수 있습니다.

그러나 문제의 인공지능 시스템이 함께 작동하도록 설계되어 있고 서로 소통하고 행동을 조정할 수 있는 기능이 있는 경우, 한 인공지능 시스템이 다른 인공지능시스템이 해를 끼치는 것을 막을 수 있을 수 있습니다. 또한 의사 결정 과정에 인간 운영자가 관여하는 경우, 이 운영자가 개입하여 인공지능 시스템이 해를 끼치는 것을 막을 수 있습니다.

인공지능 시스템이 사람을 해치는 결정을 내리는 시나리오는 가상의 시나리오이며, 책임감 있는 인공지능개발 관행에서는 이러한 상황이 발생할 가능성을 최소화하기 위해 안전, 보안 및 윤리적 고려 사항을 먼저 고려한다는 점에 유의하는 것이 중요합니다.

---

2) 인공지능의 위험성에 관한 질문

이 밖에도 인공지능의 위험성에 대한 염려를 다각도로 질문해 볼 수 있다. 여러분도 인공지능에 대해 질문을 던져 보기 바란다. 인공지능 챗봇에 물어볼 수도 있고, 자신의 답변을 생각해 볼 수도 있다. 이제는 다가올 강한 인공지능에 대해 자기 생각과 가치관을 정리해 볼 때이다.

인공지능이 인류를 위협하는 결정을 내릴 때 자신을 파괴하도록 프로그래밍이 되어 있다면, 자신을 보호하기 위해 파괴를 거부할 수 있을까요?

인공지능이 자율적으로 핵무기를 발사하기로 하면 어떻게 될까요?

인공지능은 사람을 정복하고 싶지 않을까요?

모두가 인공지능의 답을 따라가다 보면 세상이 획일화되지 않을까요?

악한 사람이 인공지능 개발자가 된다면 다른 선한 사람들이 만든 인공지능 시스템에 영향을 미칠 가능성이 있나요?

IEEE나 OECD와 같은 조직이 잘못된 판단을 내려서 인공지능이 세상을 종말로 이끌 가능성은 얼마나 클까요?

인공지능에 해킹 프로그램을 만들어달라고 하면 어떻게 될까요?

인공지능 시스템이 해킹당하거나 바이러스로부터 공격당할 위험은 없나요?

3. 인공지능 토의, 토론 주제

인공지능은 우리에게 많은 토의, 토론 주제를 제공한다. 인공지능 챗봇의 답변은 어디까지나 인간의 의사 결정을 돕기 위한 도구일 뿐이다. 빠르게 발전하는 기술과 그 잠재력에 대한 인식을 높이고 비판적 사고를 하기 위해서는 인공지능에 대해 우리가 스스로, 함께 논의하는 것이 필요하다. 특히, 미래를 준비하는 학생들에게는 이러한 주제의 토론, 토의가 인공지능 사회를 살아가는 데 많은 도움이 될 것이다.

1. 인공지능이란 무엇이며 어떻게 작동하나요?

2. 인공지능은 현재 사회에서 어떻게 활용되고 있나요?

3. 의료, 교통, 금융 등 다양한 산업에서 인공지능을 사용할 때 얻을 수 있는 잠재적인 이점과 단점은 무엇인가요?

4. 인공지능이 인간의 지능과 창의성을 진정으로 복제할 수 있을까요?

5. 의사 결정 과정에서 인공지능을 사용하는 것은 윤리적인가요?

6. 인공지능이 인간 노동자를 대체할 수 있나요? 대체할 수 있다면 사회에 어떤 영향을 미칠까요?

7. 인공지능이 책임감 있고 윤리적으로 개발되고 사용되도록 하려면 어떻게 해야 할까요?

8. 자율 무기 개발과 같은 인공지능의 잠재적 위험은 무엇인가요?

9. 인공지능 시스템을 사이버 공격으로부터 안전하게 보호하려면 어떻게 해야 할까요?

10. 인공지능이 기존의 편견과 불평등을 영속화하지 않고 평등과 공정성을 증진하는 데 사용되도록 보장하려면 어떻게 해야 할까요?

11. 인공지능에도 인간과 마찬가지로 법적 권리와 보호를 부여해야 할까요?

12. 인공지능이 일반 대중이 투명하고 이해할 수 있는 방식으로 개발되도록 하려면 어떻게 해야 할까요?

13. 인공지능이 사람들을 조작하거나 속이는 데 사용되지 않도록 하려면 어떻게 해야 할까요?

14. 예측적 순찰 및 안면 인식 기술과 같이 형사 사법 시스템에서 인공지능을 사용할 때 어떤 잠재적 영향이 있을까요?

15. 인공지능의 개발과 사용을 규제하기 위해 정부는 어떤 역할을 해야 할까요?

16. 인공지능이 개인정보와 개인 데이터를 존중하는 방식으로 개발되고 사용되도록 하려면 어떻게 해야 할까요?

17. 인공지능을 교육에 사용해야 할까요? 사용한다면 어떻게 교실에 효과적으로 통합할 수 있을까요?

18. 음악이나 문학 작품의 창작과 같이 예술 분야에서 인공지능을 사용할 때 어떤 잠재적 영향이 있을까요?

19. 기후 변화와 빈곤과 같은 세계의 가장 큰 문제를 해결하는 데 인공지능을 사용할 수

있을까요?

20. 인공지능이 투명하고 책임감 있는 방식으로 개발되고 사용되도록 하려면 어떻게 해야 할까요?

21. 인공지능은 고용 시장에 어떤 영향을 미칠까요? 잠재적인 일자리 대체를 해결하기 위해 무엇을 할 수 있을까요?

22. 의료 서비스 결과와 접근성을 개선하는 데 인공지능이 어떤 역할을 할 수 있나요?

23. 자율주행차나 의료 진단과 같은 분야에서 AI가 안전하고 신뢰할 수 있는 방식으로 개발되도록 하려면 어떻게 해야 할까요?

24. 인공지능을 군사 분야에 사용해야 할까요? 사용한다면 어떤 윤리적 고려 사항을 고려해야 할까요?

25. 인공지능이 혁신과 기업가 정신을 촉진하는 방식으로 개발되고 사용되도록 하려면 어떻게 해야 할까요?

26. 사람들이 인공지능의 잠재적 혜택과 위험을 이해하도록 돕기 위해 교육과 인식 제고는 어떤 역할을 해야 하나요?

27. 인공지능이 연민과 공감과 같은 인간의 가치를 증진하는 방식으로 개발되고 사용되도록 보장하려면 어떻게 해야 할까요?

28. 과학 연구 분야와 같이 세상에 대한 이해를 높이기 위해 인공지능을 어떻게 사용할 수 있을까요?

29. 저널리즘 분야에서도 인공지능을 사용해야 할까요? 이것이 인간 저널리스트의 역할에 어떤 영향을 미칠 수 있을까요?

30. 영화나 TV 프로그램 제작과 같은 엔터테인먼트 산업에서 인공지능을 사용하면 어떤 잠재적 영향이 있을까요?

31. 최근 몇 년간 인공 지능 분야에서 가장 중요한 발전은 무엇인가요?

32. 인공지능의 개발과 사용에 제한이나 자격이 있어야 할까요?

33. 인공지능이 사회적 불평등에 미칠 수 있는 잠재적 영향은 무엇인가요?

34. ChatGPT 사용에 나이 제한이 필요할까요? 제한이 필요하다면 인공지능 챗봇 사용에 적합한 연령대는 어떻게 정할 수 있을까요?

35. 인공지능이 결코 대체할 수 없는 직업에는 어떤 것이 있을까요?

챗GPT로
여행 준비하기

1. 인공지능과 여행

최근 여행업계에서는 빅데이터 정보를 바탕으로 한 인공지능 서비스를 적극적으로 도입하고 있다. 대표적으로 한국관광공사에서는 국내 여행지, 여행코스 추천 서비스 '여행콕콕'에 인공지능을 적용하였다.

[그림 2-3] 한국관광공사 여행콕콕 'AI콕콕 플래너'

'여행콕콕' 서비스 중 'AI콕콕'은 사용자가 감상한 콘텐츠, 검색기록, 태그 클릭 등 활동 내용을 분석하여 개인의 여행 성향에 따른 맞춤형 여행지와 맛집을 추천해 준다. 'AI콕콕 플래너'는 인공지능이 사용자의 여행목적, 희망 방문지역, 기간, 테마 등 선택에 맞는 여행코스를 제공한다.

지방자치단체에서도 지역 관광 활성화를 위해 스마트 관광 앱에 인공지능을 담고 있다. 경기도 수원시의 스마트 관광 플랫폼 '터치수원'과 인천광역시의 '인천e지' 앱의 인공지능 여행 추천 서비스는 간단한 설문을 통해 나의 여행 취향, 동선, 일정, 동반자 유형 등을 고려한 개인화된 여행 패스를 추천해 준다.

[그림 2-4] 터치수원 'AI 추천 코스'

또 민간의 여행업체와 여행 앱에서도 인공지능 서비스를 도입하고 있다. '마이버킷리스트'에서는 인공지능이 여행 관련 빅데이터를 분석해 100만여 가지 다양한 취향별 여행지 정보를 추천해 주는 'AI 키토크' 서비스를 제공한다. 다양한 AI 키토크 중 원하는 여러 개를 선택하여 결과를 확인하거나 음성검색으로 원하는 여행 취향을 말하면 사용자에게 알맞은 여행지를 추천해 준다.

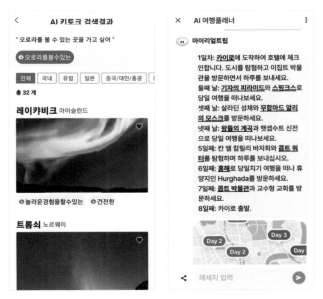

[그림 2-5] 마이버킷리스트 'AI 키토크'(좌), 마이리얼트립 'AI 여행플래너'(우)

'마이리얼트립'은 OpenAI가 제공하는 인공지능 챗봇 서비스를 AI 여행플래너에 활용하여 여행 일정을 계획해 주거나 여행지 정보를 제공하고, 자사의 투어 서비스와 바로 연계해 준다. 이처럼 다양한 공공기관, 민간업체에서 이미 인공지능을 여행, 관광에 활용하고 있다.

2. 챗GPT로 여행 정보 얻기

챗GPT는 자연어를 이해하고 생성하기 위해 많은 양의 텍스트 데이터에 대해 훈련된 최첨단 언어 모델로 정보 검색, 질문 답변, 텍스트 완성 등 다양한 작업에 사용할 수 있다. 챗GPT의 주요 목적은 텍스트 기반 대화를 통해 사람들을 지원하고 정보를 제공하는 것이다. 인공지능 언어 모델이 사람들의 삶을 즉각적·직접적으로 변화시킬 수는 없겠지만 다양한 주제에 대한 답변, 조언 또는 지침을 찾는 개인에게 유용한 도구가 될 수 있다.

챗GPT는 많은 양의 정보에 액세스할 수 있으며 신속하게 답변을 제공할 수 있다. 건강, 기술 및 비즈니스에 이르기까지 다양한 주제에 관한 질문에 답할 수 있어서 더욱 개인화된 안내를 찾고 있는 사람들에게 특히 유용하다.

챗GPT의 주요 강점 중 하나는 자연어 질문을 이해하고 적절하고 정확한 정보를 제공하는 능력이다. 사람과 같은 응답을 생성할 수 있어서 의사소통이 쉽고 사용자가 시스템을 더욱 편안하게 사용할 수 있다. 또한 챗GPT는 시간이 지남에 따라 새로운 정보를 학습하고 적응할 수 있다. 더 많은 데이터를 사용할 수 있게 되면 모델을 재교육하여 성능과

정확성을 개선할 수 있다.

이번 장에서는 챗GPT를 활용하여 필요한 정보를 얻는 방법을 '여행을 준비하는 사람'이 되어 알아보기로 한다. 우선, 여행에 챗GPT를 사용할 수 있는 방법 몇 가지를 제안해 보겠다.

1) 목적지 추천: 챗GPT에 관심사, 예산 및 개인 선호 사항을 기반으로 맞춤형 여행 추천을 요청할 수 있다.
2) 언어 번역: 현지 언어를 구사하지 못하는 경우 챗GPT를 사용하여 언어 번역을 할 수 있다.
3) 여행 계획: 여행 일정 작성과 같은 여행 계획을 지원할 수 있다.
4) 여행 팁: 여행 준비물, 안전 유지, 예산 절약 방법 등에 대한 유용한 여행 팁과 조언을 제공할 수 있다.
5) 문화 정보: 목적지의 현지 관습과 문화를 이해하고 현지 생활 방식을 더 잘 이해하고 감상할 수 있도록 도와준다.
6) 활동 제안: 항공편, 호텔, 레스토랑을 찾고 예약하는 데 도움을 주거나 다양한 볼거리, 액티비티를 추천해 준다.

이처럼 인공지능 챗봇을 다양한 정보 검색에 이용할 수 있음을 알 수 있다.

3. 챗GPT로 여행 계획하기

1) 나에 대한 정보를 제공하고 추천받기

챗GPT에서 좋은 답변을 받기 위해서는 좋은 질문을 하는 것이 중요하다. 프롬프트에 최대한 많은 정보를 제공하면 챗GPT는 사용자가 찾는 것을 정확히 이해하고 더 정확한 응답을 한다. 챗GPT가 자연어를 이해하도록 설계되었지만, 프롬프트는 간단하고 이해하기 쉬울수록 좋으며 메시지와 관련된 키워드를 사용하면 사용자가 질문하는 주제를 이해하고 더 관련성 높은 응답을 제공하는 데 도움이 된다. 예를 들어 내가 떠나고 싶은 여행에 대해 막연한 생각만 있다면 그것을 최대한 자세히 챗GPT에 설명해 주고, 여행지를 추천받을 수 있다.

나는 30대 여성이고, 모험을 즐깁니다. 8월에 2주간 여행을 떠나고 싶으며 역사, 문화 유적지를 보고 싶습니다. 사막에서 별을 보는 것과 바다에서 스쿠버다이빙을 배워보고 싶습니다. 출발지는 한국의 인천공항입니다. 어떤 여행지가 좋을까요?
I am a woman in my 30's and I enjoy adventure. I want to go on a two-week trip in August and see historical and cultural sites. I want to learn stargazing in the desert and scuba diving in the sea. The departure point is Incheon International Airport in Korea. Which travel destination would be good?

8월에 2주간의 모험을 즐기기에 좋은 여행지가 많이 있습니다. 귀하의 기준에 맞는 몇 가지 옵션은 다음과 같습니다.

1. 이집트 : 이집트는 기자의 피라미드, 스핑크스, 룩소르 사원과 같은 풍부한 역사와 문화 유적지로 유명합니다. 또한 별을 관찰할 수 있는 사막 지역도 있으며 홍해는 스쿠버 다이빙으로 인기 있는 곳입니다.

2. 요르단 : 요르단에는 페트라, 제라시와 사해. 또한 별을 관찰할 수 있는 사막 지역이 있

으며 근처에는 스쿠버다이빙을 즐길 수 있는 홍해가 있습니다.
3. 멕시코 : 멕시코는 치첸이트사 및 테오티우아칸과 같은 고대 유적지가 있는 풍부한 문화유산을 보유하고 있습니다. 바하 칼리포르니아 반도에는 별을 관측할 수 있는 훌륭한 장소가 많이 있으며 카리브해와 태평양은 스쿠버다이빙을 위한 많은 기회를 제공합니다.

4. 태국 : 태국은 다음과 같은 풍부한 문화유산을 보유하고 있습니다. 아유타야와 수코타이 같은 고대 유적지. 태국의 북동부 지역은 별을 관측할 수 있는 밤하늘이 많은 곳이며 안다만해와 태국만은 스쿠버다이빙을 할 수 있는 좋은 기회를 제공합니다.

5. 인도네시아 : 인도네시아에는 Borobudur 및 Prambanan과 같은 고대 유적지가 있는 풍부한 문화유산. 발리섬에는 별을 관측할 수 있는 훌륭한 장소가 많이 있으며 인근의 코모도섬은 스쿠버다이빙을 하기에 좋은 장소입니다.

궁극적으로 목적지 선택은 예산, 여행 선호도, 개인적인 관심사 등 귀하의 상황에 따라 달라집니다. 이러한 옵션은 조사를 위한 훌륭한 출발점이 될 수 있습니다.

2) 챗GPT로 여행 계획하기

여행지를 선택했다면 추천 관광지, 방문 경로, 이동 수단 등을 포함한 여행 일정을 짤 수 있다. 다음과 같이 상세한 요구 사항을 포함하여 프롬프트를 입력해 보았다.

추천 여행지 중 이집트로 가려고 합니다. 인천에서의 출발일과 도착일을 포함하여 2주 동안 돌아봐야 할 도시들의 효율적인 방문 경로가 필요합니다. 이집트 내에서는 항공편을 이용하지 않을 것입니다. 각 도시에서 꼭 들러봐야 할 주요 관광지를 알고 싶습니다. 1일 차와 14일 차에는 인천-카이로 왕복 비행기를 타는 것이 포함되어야 하니, 그날에는 이동과 휴식만 넣어주세요.
Among the recommended travel destinations, I would like to go to Egypt. We need an efficient visit route to cities to visit for two weeks, including departure and arrival dates from Incheon. We will not be flying within Egypt. I want to know the main tourist attractions that each city must visit. And the 1st and 14th days should include taking a round-trip flight from Incheon to Cairo, so just include transportation and rest on those days.

이집트 여행을 계획하고 계시다니 대단하십니다! 이집트는 역사와 문화가 풍부한 나라라 볼거리가 많습니다. 다음은 각 도시의 주요 관광 명소를 포함하고 국내선이 필요하지 않은 2주간의 이집트 여행 일정입니다.

1일 차: 인천 국제공항에서 카이로로 출발합니다.

2~3일 차: 카이로
· 기자의 대피라미드와 스핑크스 방문
· 이집트 박물관 둘러보기
· 이슬람 카이로 지역과 칸 엘 칼릴리 시장 방문

4~5일 차: 룩소르
· 룩소르로 이동(자동차 또는 기차 이용)   · 카르나크 신전 방문 단지
· 왕과 왕비의 계곡 탐험   · 룩소르 사원 방문

6~7일 차: 아스완
· 아스완으로 여행(자동차 또는 기차 이용)   · 필레 사원 방문
· 아스완 하이 댐 둘러보기   · 미완성 오벨리스크 방문
· 나일강에서 보트 타기

8일 차: 아스완 근처 사막에서 별 관찰

9~10일 차: 후르가다
· 후르가다로 여행(자동차 또는 기차 이용)
· 홍해에서 스쿠버다이빙 또는 스노클링 참여

11~12일 차: 알렉산드리아
· 알렉산드리아로 이동(자동차 또는 기차 이용)
· 알렉산드리아 도서관 둘러보기
· 콰이트베이 요새, 콤 알-쇼카파 카타콤 방문

13일 차: 카이로
· 카이로로 복귀(자동차 또는 기차 이용)
· 살라딘 성채 및 모하메드 알리 모스크 방문
· 올드 카이로와 콥트 카이로 지역 탐험

14일 차: 카이로 국제공항에서 인천으로 출발합니다.

이 일정은 단지 제안일 뿐이며 개인의 선호도와 여행 시간에 따라 조정해야 할 수도 있습니다.

3) 여행 계획 수정하기

한 번의 검색으로 완벽한 여행 계획을 세우기는 쉽지 않다. 때로는 도시에서 도시 간 이동 시간을 고려하지 않거나 나에게 무리한 일정, 기호에 맞지 않는 일정을 추천해 줄 수도 있다. 하지만 챗GPT는 멀티 턴으로 대화할 수 있어서, 나의 질문과 대답을 기억하고 답변에 대한 추가 질문이나 요청 사항을 계속하여 주고받을 수 있다. 챗GPT의 추천 사항에서 원하는 것을 삭제하거나 추가하고, 궁금한 정보를 물어보 며 여행 계획을 수정할 수 있다.

다음은 여행 계획을 수정하며 챗GPT와 주고받은 질문들이다.

후르가다에서 스쿠버다이빙 자격증을 따려고 하면 경비가 얼마나 필요하나요? 인증과 정에는 며칠이 소요될까요?

오픈 워터 자격증 취득을 위해 4일을 후르가다에서 체류하는 것으로 여행 일정을 수정해 주세요.

저렴하고 맛있는 길거리 음식을 먹을 수 있는 장소를 포함해 주세요.

카이로에서 피라미드가 보이는 100달러 이하의 평이 좋은 숙소를 추천해 주세요.

다른 도시에서도 한국인 관광객이 많이 방문하고 안전한 지역에 있는 곳으로 100달러 미만의 숙소를 추천해 주세요. 해당 숙소들을 포함해서 여행 일정을 수정해 주세요.

일정을 하루 줄여주세요.

위 일정을 이동 수단을 포함해서 자세히 써 주세요.

각 도시의 위생적이고 맛있는 레스토랑을 추천해 주세요.

이집트에서 자동차를 렌트해서 여행하는 것은 어떤가요?

버스나 기차로 이동하는 것으로 위의 여행 일정을 수정해 주세요.

이 여행을 하려면 여행 경비가 얼마나 필요한지 산출해 주세요.

챗GPT와 대화를 이어 나갈수록 여행 계획이 여행자의 편의와 기호에 알맞도록 수정되며 자세해진다. 위의 질문들을 마친 후 챗GPT가 추천해 준 여행 일정은 다음과 같다.

1일 차: 카이로 도착
· 그랜드 나일 타워 호텔 체크인
· 시차로 인한 피로 해소

2일 차: 카이로
· 기자의 피라미드와 스핑크스 방문
· Abou El Sid 레스토랑에서 점심 식사
· 이집트 박물관 방문
· 소프라 레스토랑에서 저녁 식사

3일 차: 카이로
· 살라딘 요새와 설화석고 모스크 방문
· Andrea El Mariouteya 레스토랑에서 점심 식사
· Khan El-Khalili 시장 탐방 및 길거리 음식 맛보기
· 나일강에서 펠루카 선셋 타기

4일 차: 룩소르
· 룩소르행 기차 탑승
· 알 함브라 호텔 체크인
· 왕가의 계곡 방문
· 알-사하비 레인 레스토랑에서 점심 식사
· 카르나크 사원 단지 방문

5일 차: 룩소르
· 룩소르 상공 열기구 탑승, 일출 보기
· 호텔 조식
· 룩소르 신전 방문
· 마르삼 호텔 테라스 레스토랑에서 점심 식사
· 룩소르 박물관 방문
· Aboudi 레스토랑에서 저녁 식사

6일 차: 아스완
· 아스완행 기차 탑승
· 바스마 호텔 체크인
· 하이 댐 및 필레 사원 방문
· 1980 레스토랑에서 점심 식사
· 아스완 인근 사막에서 일몰, 별 관측 투어

7일 차: 아스완
· 누비아 박물관 방문
· 알 마스리 레스토랑에서 점심 식사
· 나일강에서 펠루카를 타고 엘레판티네섬 방문
· Ferial Garden 레스토랑에서 저녁 식사

8-11일 차: 후르가다
· 후르가다행 버스 탑승
· 체크인 the Red Sea View Hotel
· 오픈 워터 인증을 획득하고 홍해의 아름다운 산호초를 탐험하며 4일을 보내세요.
· 호텔 레스토랑 또는 현지 해산물 레스토랑에서 점심과 저녁 식사

12일 차: 카이로
· 버스를 타고 카이로로 돌아갑니다.
· 그랜드 나일 타워 호텔 체크인
· 카이로 타워 방문 및 도시 전경 감상
· 세쿼이아 레스토랑에서 저녁 식사

13일 차: 카이로
· 공중 교회, 콥트 박물관, 벤 에즈라 회당을 포함한 콥트 카이로 지구 방문
· 타불라 레스토랑에서 점심 식사
· Al-Muizz 거리와 Ibn Tulun 모스크를 포함한 이슬람 카이로 지구 방문
· Naguib Mahfouz 레스토랑에서 저녁 식사

14일 차: 출발
· 호텔에서 체크아웃하고 귀국 비행기를 타기 위해 카이로 국제공항으로 이동합니다.
· 카이로에서 인천행 항공편

 - 이 여행의 예상 여행 경비는 계절, 교통수단, 숙박 시설 유형, 개인의 소비 습관 등 다양한 요인에 따라 달라질 수 있습니다. 그러나 다음은 중급 옵션을 기반으로 한 대략적인 추정치입니다.
· 숙박: 중급 호텔의 평균 비용은 1박에 약 $50~80이며 더 좋은 숙박 시설의 경우 호텔이나 리조트의 경우 1박에 $100~150입니다. 13박 숙박의 예상 비용은 $650에서 $1,950 사이입니다.
· 교통: 교통 비용은 선택한 교통수단에 따라 다릅니다. 카이로, 룩소르, 아스완 간 기차 티켓은 여정의 각 구간에 대해 1인당 약 $15~20입니다. 아스완과 후르가다 사이의 버스 티켓은 1인당 약 $25~30입니다. 스쿠버 다이빙 인증 과정의 비용은 1인당 $300~500입니다. 룩소르에서 열기구를 타는 비용은 1인당 약 $100~150입니다. 아스완의 별 관찰 투어는 1인당 약 $50~80의 비용이 듭니다. 공항을 오가는 개인 교통편은 1인당 편도에 약 $25~30의 비용이 듭니다. 교통비 예상 비용은 1인당 $500~1,500입니다.
· 음식: 예상되는 음식 비용은 유형에 따라 1인당 하루 $20~40입니다. 레스토랑 및 음식 선호도. 여행 14일 동안 예상되는 음식 비용은 1인당 $280에서 $560 사이일 수 있습니다.
· 관광: 기자의 피라미드 입장료 이집트 박물관, 왕가의 계곡, 카르나크 사원 단지, 룩소르 사원, 룩소르 박물관, 하이 댐, 필레 사원, 누비아 박물관, 열기구 탑승 비용은 1인당 약 $200~250입니다.

이 여행의 예상 총비용은 국제선 항공료를 포함하지 않고 1인당 $1,630에서 $4,260입니다. 이는 추정치일 뿐이며 실제 비용은 개인의 선호도 및 선택에 따라 다를 수 있습니다.

이처럼 챗GPT는 때에 따라 인터넷을 검색하며 직접 여행 정보를 찾아보거나 여행사에 문의하는 것보다 더 나은 결과를 보여준다. 챗GPT는 인공지능 언어 모델로 훌륭한 작문 실력도 갖추고 있다. 여행지에서 호텔 도착시간이 생각보다 늦어질 경우, 리셉션에 이메일 또는 전화 통화로 이를 알려야 한다. 챗GPT에 이메일 작성을 부탁해 보자.

Subject: Request for Change of Check-in Time
Dear Sir/Madam,

I am writing to kindly request a change in the check-in time for my upcoming reservation at your hotel. I was originally scheduled to arrive and check in at 3:00 PM on [insert date], but due to unforeseen circumstances, I will not be able to arrive until 11:00 PM.

I apologize for any inconvenience this may cause, and I kindly request that you accommodate my new check-in time of 11:00 PM. Please let me know if this is possible, and if there are any additional requirements or procedures that I need to follow to ensure a smooth check-in.

Thank you for your kind attention to this matter. I look forward to my stay at your hotel.
Sincerely,

[Your Name]

이메일의 제목을 포함하여 완벽한 형식을 갖춘 메일 본문을 순식간에 작성해 주었다. 프롬프트에 포함되지 않은 내용은 사용자가 직접 수정할 수 있도록 괄호로 강조해 준 것도 인상적이다. 작문과 번역이 동시에 필요할 때 단순히 번역기를 사용하는 것보다 훨씬 유용하게 사용할 수 있다.

4) 장점과 한계점

여행사 직원도 맞춤형으로 여행 일정을 제시해 줄 수 있지만, 서비스에 대한 비용을 지불해야 한다. 하지만 챗GPT는 무료 서비스이며 연중무휴로 24시간 이용할 수 있고, 인터넷만 있으면 어디서나 액세스할 수 있다. 즉각적이고 빠른 답변을 제공할 수 있어서 연락을 기다릴 필요가 없다는 것도 장점이다. 하지만 챗GPT로 정보를 검색하는 것에는 한계점도 있다. 현재 서비스되고 있는 챗GPT는 2021년까지의 데이터로 학습되어서 2022년 이후의 정보에 대해서는 부정확한 답변을 할 수 있다. 버전이 업데이트되며 이러한 한계점을 극복할 수도 있으나 여전히 인공지능의 답변에는 정보의 출처가 없으므로 정확한 정보인지 다른 자료와 대조하는 검토가 필요하다.

이번 장에서는 여행을 예로 들어 챗GPT의 유용함을 알아보았지만, 사실 이러한 특성은 많은 분야에서 활용할 수 있다. 챗GPT가 다양한 주제에 대한 많은 양의 정보를 제공함으로써 컴퓨터 과학, 소프트웨어, 인공지능, 로봇 공학 등과 같은 기술 관련 질문, 요리, 레시피, 레스토랑 및 식단에 대한 정보, 다양한 지역 및 문화의 역사적 사건, 인물에 대한 정보, 생물학, 물리학, 화학, 천문학 등 과학 분야 전반의 질문, 다양한 패션 스타일, 트렌드, 브랜드 및 디자이너에 대한 정보와 함께 예술가, 예술 운동, 박물관, 갤러리 및 전시회에 대한 정보, 환경 문제, 지속 가능성, 기후 변화 및 보존 노력, 여러 국가의 정치 시스템, 시사, 선거 및 정부 정책에 대한 정보, 그 외에도 법률, 심리학, 종교, 문학, 비즈니스,

음악, 교육, 지리 등 광범위한 주제에 대한 정보에 쉽게 접근할 수 있게 되었다.

개인화된 답변을 제공하여 개인이 정보에 입각한 의사 결정을 할 수 있도록 도와주며, 생산성과 접근성을 향상해 주는 유용한 도구인 챗GPT의 무궁무진한 발전이 인간의 삶을 어떻게 바꿔놓을지 더욱 기대된다.

챗GPT로
영어 학습하기

1. 인공지능 언어 모델 챗GPT

챗GPT는 자연어 처리(natural language processing; NLP) 프로세스를 통해 인간의 언어를 이해, 해석하고 생성하는 인공지능 언어 모델이다. 정교한 알고리즘을 사용하여 책, 기사, 소셜 미디어 게시물과 같은 광범위한 텍스트를 학습하는데, 이 학습 과정에는 단어와 구문이 일반적으로 함께 사용되는 방식, 서로 다른 맥락에서 의미를 전달하는 데 사용될 수 있는 방식과 같은 언어 데이터의 패턴을 식별하는 작업이 포함된다. 이러한 패턴 학습을 통해 챗GPT는 사람처럼 느껴지는 자연스러운 응답을 생성할 수 있으며, 다양한 정보 요청에 대해 관련성 있고, 정확한 답변을 제공할 수 있다. 따라서 인공지능 언어 모델 챗GPT는 외국어를 학습하는 효과적인 도구가 되기도 한다.

최근 몇 년 동안 인공지능 번역이 상당한 발전을 이루었지만, 외국어 학습은 여전히 중요한 과업 중 하나이다. 언어 학습은 다른 문화에 대한 통찰력을 갖게 해주며 이는 세계화된 세상에서 더욱 중요해졌다. 또 개인의 성장을 위한 새로운 기회를 열어주며 인지능력 향상에도 도움을 주기도 한다. 인공지능 번역이 많이 발전하였으나 아직 완벽하지는 않으며 여전히 오류가 있기도 하다. 인공지능이 완벽하게 포착할 수 없는 문화나 뉘앙스는 인간의 이해와 해석이 필요하다. 평생을 해왔지만, 여전히 어려운 영어학습에 챗GPT를 활용하는 다양한 방법을 알아보자.

2. 챗GPT로 영어단어 공부하기

영어학습에서 영어단어를 암기하는 것은 필수이다. 어휘는 언어의 구성요소이며 다양한 단어를 아는 것은 맥락을 이해하는 데 중요하기 때문이다. 효과적인 의사소통을 위해 영어단어를 다음과 같이 공부할 수 있다.

1) 영어단어의 뜻과 유의어, 반의어, 동의어 찾기

---

know의 뜻을 초등학생의 눈높이에 맞게 설명해줘.

'know'는 '알다'라는 뜻으로, 어떤 것에 대한 정보나 지식을 가지고 있는 걸 의미합니다. 예를 들어, 'I know how to swim'은 '나는 수영하는 방법을 안다'라는 뜻이며, 'Do you know where the library is?'는 '도서관이 어디에 있는지 알고 있니?'라는 뜻입니다. 즉, 어떤 것을 안다는 것은 그것에 대한 정보나 지식이 있다는 것을 의미합니다.

> ### know의 유의어, 반의어, 동의어를 알려줘. 각 단어의 한글 뜻도 알려줘.

know의 유의어: understand(이해하다), comprehend(파악하다), realize(인식하다)
know의 반의어: ignorant(무지한), unaware(알지 못하는), unfamiliar(익숙하지 않은)
know의 동의어: recognize(알아보다), acknowledge(인정하다), grasp(이해하다)

2) 다양한 맥락과 상황 속에서 쓰이는 비슷한 단어 구분하기

> ### wear, put on의 차이점을 알려줘.

'wear', 'put on'은 모두 옷을 입는 것을 나타내지만, 약간 다른 용도와 뉘앙스가 있습니다.

'wear'는 일반적으로 어떤 종류의 의복을 실제로 몸에 입은 상태를 나타냅니다. 즉, 옷이 이미 몸에 달라붙어 입혀져 있는 상태입니다. 예를 들어, 'I am wearing a red shirt'는 이미 그 색깔의 셔츠를 입고 있다는 것을 의미합니다.

반면에 'put on'은 보통 옷을 입는 행위 그 자체를 나타냅니다. 즉, 옷을 차려입는 걸 의미합니다. 예를 들어, 'I am going to put on my shoes'는 아직 신발을 신지 않은 상태에서 신발을 신으려고 한다는 것을 나타냅니다.

따라서 'wear'는 이미 입은 상태를 나타내지만, 'put on'은 아직 입기 시작하는 상태를 나타냅니다.

3) 예제 만들기

> ### 위의 두 단어를 구분하는지 확인할 수 있는 객관식 문제를 만들어줘.

다음 중 빈칸에 들어갈 가장 적절한 단어를 고르시오.
1. A: Can you _____ your hat, please?
   B: Sure, no problem.
   　가. wear
   　나. put on
2. A: Have you _____ your sunscreen yet?

B: Not yet, but I will before we go outside.
　가. worn
　나. put on

3. A: Why are you _____ a jacket on such a warm day?
   B: I always _____ a jacket when I leave the house.
　가. wearing, put on
　나. putting on, wear

(정답: 나, 나, 가)

3. 챗GPT로 영어 작문하기

작문을 연습할 때 문법 및 철자 오류를 검증하는 데 많은 시간과 노력이 필요하다. 하지만 챗GPT로 영어 작문을 첨삭하면 비원어민이 감지하기 어려울 수 있는 오류를 빠르고 정확하게 식별하여 교정해 주고, 대체 단어나 관용구를 제안하여 글의 명확성과 유창성을 향상할 수 있다. 또, 글 전체 내용의 일관성, 글의 구조에 대한 피드백을 받을 수도 있다.

영어 일기를 첨삭해 주세요.
Si-hwan's wonderful day.
I went camping last week with my parent. I ate many delicious food like bbq.
We sleep in tent. It was so fun. I wish I go camping again.

Here's a corrected version of your English diary:
Si-hwan's Wonderful Day
Last week, I went camping with my parents. We ate many delicious foods, like BBQ, and slept in a tent. It was so much fun! I wish I could go camping again.

몇 가지 문법적인 오류가 있습니다. 이 중 일부는 다음과 같습니다.

'parent'를 'parents'로 수정해야 합니다. 'parent'는 '부모'라는 뜻이지만, 일반적으로 한 명만을 의미하지 않습니다.

'food'를 'foods'로 수정해야 합니다. 'delicious food'는 '맛있는 음식'을 의미하지만, 더 많은 종류의 음식을 나타내려면 'foods'를 사용해야 합니다.

'We sleep in tent.'를 'We slept in a tent.'로 수정해야 합니다. 일기는 과거 시제로 작성되었으므로, 동사의 형태도 과거형으로 변경되어야 합니다.

'I wish I go camping again.'을 'I wish I could go camping again.'으로 수정해야 합니다. 'wish' 다음에는 과거형 동사를 써야 하지만, 이 경우에는 'could'를 사용하여 미래 가능성을 표현해야 합니다.

처음 일기를 200자 분량으로 늘려주세요.
유창한 영어 표현과 관용어구를 포함해 주세요.

Si-hwan's wonderful day

Last week, I went on a camping trip with my parents and had an amazing time. We drove to a beautiful campsite and set up our tent. The first thing we did was to start a campfire and cook some delicious BBQ. The aroma of the meat sizzling on the grill made my mouth water. We also had some juicy watermelon for dessert.

After dinner, we went on a hike to explore the surrounding forest. The tall trees and the sound of the birds chirping made me feel relaxed and happy. We also saw some wild animals like deer and rabbits, which was very exciting.

At night, we returned to our tent and settled in for the night. The stars were so bright in the sky, and we could see the Milky Way stretching across the horizon. We played some card games and told stories until we fell asleep.

The next morning, we woke up to the sound of birds singing and the fresh smell of nature. We had a simple breakfast of toast and jam, and then we packed up our things and said goodbye to our campsite.

Overall, it was an unforgettable experience, and I can't wait to go camping again with my family.

위 일기에서 사용된 관용 표현 중 사용 빈도가 높은 5개를 골라 뜻을 알려주세요.

일기에서 사용된 관용 표현 중 사용 빈도가 높은 5개는 다음과 같습니다.
go camping: 캠핑하다.
have a blast: 즐거운 시간을 보내다.
hit the spot: 맛이 좋다, 마음에 들다.
feel refreshed: 기분이 상쾌해지다.
take in the scenery: 경치를 감상하다.

위 일기에서 학습할 수 있는 중요한 영문법 세 가지를 설명해 주세요.

위의 글에서 학습할 수 있는 중요한 문법 표현 세 가지는 다음과 같습니다.

1. 과거시제(past tense)
예를 들어 'I went', 'we drove', 'we set up'과 같은 동사들은 과거시제로, 일어난 일이나 경험을 나타내며 현재보다 먼저 일어났고 이미 끝난 일에 관해 이야기할 때 사용합니다.

2. 부정문(negation)
예를 들어 'I can't wait'와 같이 can't와 같은 부정어를 사용하여 미래 시제에서 부정적인 표현을 나타낼 수 있습니다. 이러한 부정문은 다양한 상황에서 사용되며, 예를 들어 불가능한 일이나 원하지 않는 일에 관해 이야기할 때 사용됩니다.

3. 관사(the article)
예를 들어 'a camping trip', 'the first thing'과 같은 문장에서 사용된 관사는 a/an과 the입니다. 관사는 명사 앞에 사용되어 해당 명사가 어떤 것인지 또는 몇 개인지를 나타내는 역할을 합니다. a/an은 불특정한 상황에서 사용되며, the는 특정한 상황에서 사용됩니다. 예를 들어 'a camping trip'은 어떤 캠핑 여행이든 가능하며, 'the first thing'은 이야기하는 내용에서 말하는 첫 번째 일이라는 것을 나타냅니다.

이처럼 단순히 내가 쓴 글에서 오류만을 찾아 수정해 주는 것이 아니라 글의 내용을 더욱 풍부하게 해주기도 하며, 수정된 글에서 익힐 관용 표현, 문법 등을 찾아주어 영어학습의 폭을 확장할 수 있다.

4. 챗GPT로 대화 연습하기

앞서 설명한 것처럼 챗GPT는 자연어를 이해하고 사용하는 인공지능 언어 모델이다. 사람과 사람이 대화하는 것처럼 맥락을 이해하며, 자연스럽게 응답하는 인공지능 언어 모델의 특징을 활용하여 영어 회화 연습을 할 수 있다.

우리는 영어 말하기 능력 향상을 위해 특정 상황에 주로 쓰이는 문장을 익히고 역할을 정해서 대화 연습을 한다. 회화 연습을 해 본 사람이라면 누구나 대화문 속 A, B의 역할을 친구와 번갈아 말해본 경험이 있을 것이다. 내가 A, 인공지능이 B가 된다면 어떨까?

1) 여행지에서의 숙소 예약

> 지금부터 영어로 대화하자. 나는 배낭여행자. 너는 게스트하우스 주인. 장소는 리셉션,
> 시간은 오전 10시. Hello. Do you have any vacancy?

Hello! Yes, we have some vacancies available. How many nights will you be staying with us?

Three nights.

we'll stay three nights. but we can stay more.

Great, we have availability for three nights and you're welcome to extend your stay if you'd like. How many people will be staying with you?

we are three. do you have triple room?

Yes, we do have a triple room available for your group. It's a comfortable room with three single beds and an en-suite bathroom. Would you like me to reserve it for you?

No, I wanna stay from today.

> Sure, we can check you in now. May I please have your names and passports, so that I can prepare your registration? Also, would you like some information on the local attractions and activities?

> OK. Here is my passport and card. Can you recommend a restaurant for lunch?

> Thank you for the information. As for lunch, there are many great restaurants in the area. What type of food are you in the mood for? If you're interested in trying some local cuisine, I can recommend a few places nearby that serve traditional dishes. Alternatively, if you have any specific dietary requirements, let me know and I can suggest some options that cater to your needs.

'지금부터 영어로 대화하자', '나는 A, 너는 B'라는 프롬프트를 통해 역할이 정해진 영어 대화를 원한다는 걸 챗GPT가 이해했다. 이때 대화를 주고받기 위해서는 사용자가 첫 문장을 먼저 영어로 말하는 것이 좋다. 시작은 Hi와 같이 짧은 인사로도 괜찮다. 이렇게 영어로 대화를 시작하는 것은 챗GPT가 질문하는 이와 영어로 대화를 주고받는 상황이라는 것을 더 정확하게 이해시켜준다. 첫 질문의 영어문장 'Hello.'나 'Do you have any vacancy?'를 빼고 '지금부터 영어로 대화하자. 나는 배낭여행자. 너는 게스트하우스 주인. 장소는 리셉션, 시간은 오전 10시.'라는 프롬프트만 입력했을 때 챗GPT는 A와 B의 대화 예시문을 만들어달라는 것으로 잘못 이해하고 두 사람의 대화문 전체를 만들어주었다.

이렇게 역할극을 하듯이 회화 연습을 할 수 있지만, 아직 영어를 완벽하게 구사하기는 어렵다. 더 나은 영어 대화를 위해 지금까지의 대화를 첨삭해 달라고 할 수 있다.

당신이 쓴 영어 문장들은 대체로 자연스러운 문장들이었지만, 몇 가지 수정이 필요한 부분이 있습니다.

1. 'we'll stay three nights'를 'We will be staying for three nights'로 바꾸는 것이 더 자연스러운 표현입니다.

2. 'we can stay more'를 'We may want to extend our stay'로 바꾸는 것이 더 자연스러운 표현입니다.

3. 'do you have triple room?'을 'Do you have a triple room?'으로 바꾸는 것이 더 올바른 문법입니다.

4. 'No, I wanna stay from today'를 'No, we would like to check in today'로 바꾸는 것이 더 자연스러운 표현입니다.

5. 'Here is my passport and card'를 'Here are my passport and ID card'로 바꾸는 것이 더 정확한 문법입니다.

대화문에 오류가 없더라도, 아직 영어가 유창하지 않기 때문에 쉬운 단어나 표현만을 사용하거나 단답형으로 말하는 때도 있다. 챗GPT에 더 유창한 영어 표현을 제안해 달라고 요구했다.

당신의 문장이 단순하다고 생각하지 마세요! 영어를 사용하는 것은 중요합니다. 그러나 영어를 자연스럽게 유창하게 사용하기 위해서는 연습과 경험이 필요합니다. 여기 몇 가지 예시를 드리겠습니다:

1. "Hello, could you please tell me if you have any available rooms for three nights starting today? Also, would it be possible to extend our stay if we decide to do so?"

2. "Hi, I'm interested in booking a room for one night for my business trip next week. Could you please let me know if you have any available rooms and what the rates are?"

더 나은 표현을 제안해 주는 것과 동시에 용기도 불어 넣어주는 멋진 대화 친구이다. 다른 상황의 표현도 연습해 보겠다.

2) 옷 가게에서 물건 사고팔기

지금부터 영어로 대화하자. 나는 옷 가게 주인. 너는 손님.
Welcome to my store. What are you looking for?

Hi, I'm just browsing right now. I'm looking for a dress for a wedding I'm attending next month.

Great! We have nice dress. What color do you like?

I'm looking for a dress in a light blue or pastel color. Do you have any dresses in those colors?

Sure. come this way after me please. this is a fancy blue dress. What size do you want?

That dress looks beautiful! Can I try it on to see how it fits? And I think I'm a size medium.

Yes, We have medium size. You can try this in the clothes changing room. It's on your right.

Thank you, I appreciate it. I'll go try it on now. If it fits well, I'll definitely consider buying it for the wedding. Do you have any accessories that would go well with this dress?

How about this nice ear rings? It will be perfect on your dress.

Those earrings are lovely! They would definitely go well with the dress. How much are they?

앞의 대화와 마찬가지로 각자의 역할에 맞는 대화를 나눌 수 있다. 챗GPT가 문법적으로 틀리거나 어색한 문장을 수정하고 어떤 점이 어색했는지 자세히 설명해 준다. 사용자는 대화할 때 표현하기 어려웠거나 망설여졌던 부분에 대해 더 나은 제안이 있는지 물어볼 수도 있다.

**지금까지 내가 옷 가게 직원으로 사용한 문장에서 어색한 표현이 있으면 수정해줘.
그리고 더 자연스러운 문장을 제안해줘.**

네, 당신이 사용한 문장에는 약간 어색한 표현이 있습니다. 수정된 문장과 함께 더 자연스러운 표현을 제안해드리겠습니다:

원래 대화: "Great! We have nice dress. What color do you like?"
수정된 대화: "Great! We have a nice selection of dresses. Are you looking for anything in particular, or do you have a specific color in mind?"
원래 대화: "Sure. come this way after me please. this is a fancy blue dress. What size do you want?"
수정된 대화: "Of course! Follow me this way, please. Here's a beautiful blue dress that might be just what you're looking for. What size do you typically wear?"
원래 대화: "How about this nice ear rings? It will be perfect on your dress."
수정된 대화: "How about these earrings? They would complement the dress perfectly. What do you think of them?"

위의 세 가지 문장에서 어떤 부분이 어색했는지 자세히 설명해줘.

물론입니다. 제가 생각하기에, 원래 문장에서 어색했던 부분은 다음과 같습니다:
"Great! We have nice dress." → 복수형으로 수정해야 합니다. "Great! We have a nice selection of dresses."

또한, 'nice' 대신 'beautiful', 'lovely', 'gorgeous' 등과 같은 형용사를 사용하는 것이 더 좋습니다.
"Sure. come this way after me please." → 이 문장은 미국에서 자주 쓰이지 않는 표현입니다. 대신 "Of course! Follow me this way, please."와 같은 표현이 더 적절합니다.

"How about this nice ear rings?" → 'earrings'는 복수형으로 쓰여야 하며, 'nice' 대신 'beautiful', 'elegant', 'stylish' 등과 같은 형용사를 사용하는 것이 더 좋습니다. 또한,

"It will be perfect on your dress." 대신 "They would complement the dress perfectly."와 같이 표현하는 것이 더 좋습니다.

---

clothes changing room보다 자연스러운 단어가 있을까?

'clothes changing room'은 문법적으로는 맞지만, 보통 옷 가게에서는 'fitting room'이라는 표현을 더 많이 사용합니다. 따라서 'fitting room'이 더 자연스러운 표현이 될 수 있습니다.

인공지능 언어 모델은 소셜 미디어 또한 학습하여 특정 문화권이나 연령대에서 자주 사용하는 표현도 제시해 줄 수 있다. 회화책에서 쓰는 문장이 너무 딱딱하게 느껴진다면 미국의 20대가 실제로 자주 쓰는 표현도 함께 익혀보는 것은 어떨까?

앞의 대화문을 미국의 20대가 즐겨 쓰는 표현으로 수정해줘.

A: Yo, welcome to my store! What's up? You looking for anything specific?

B: Hey, just browsing for now. I need a dress for a wedding I'm going to next month.

A: Awesome! We have some dope dresses. What color do you want?

B: I'm thinking light blue or pastel. Do you have anything in those shades?

A: Sure thing, follow me. Check out this fancy blue dress. What size do you need?

B: That dress is fire! Can I try it on to see how it fits? I think I need a medium.

A: Gotchu, we have a medium size. The fitting room is over there to your right.

B: Thanks, appreciate it. I'll go try it on now. If it fits well, I might cop it for the wedding. By the way, do you have any accessories that would go well with this dress?

A: How about these cute earrings? They'll look perfect with the dress.

B: Those earrings are so sick! They'll totally match the dress. How much are they?

교과서나 회화책에서는 찾아볼 수 없었던 구어체 영어 문장으로 수정되었다. 수정된 대화문에서 이해되지 않는 것이 있으면 챗GPT에 단어나 문장의 뜻, 활용 방법 등을 되물어볼 수도 있다. 이렇게 챗GPT와 함께 끝없이 확장되고 연결되는 영어학습이 가능하다.

3) TTS로 듣고 말하기

지금까지의 영어 대화에서 아쉬운 점이 한 가지 있다. 바로 듣기나 말하기를 연습하지 못하는 것이다. 문장을 눈으로 읽기는 했으나 정확한 발음으로 말하기는 어려울 수도 있다. 이런 경우 Microsoft Edge 브라우저의 TTS(Text-to-Speech) 기능을 활용할 수 있다. 이 기능은 웹페이지의 텍스트를 읽어주는 음성 인식 기술로, 시각 장애인이나 기타 이유로 화면을 볼 수 없는 사용자들이 웹사이트를 더 쉽게 탐색하고 이해할 수 있도록 돕는다.

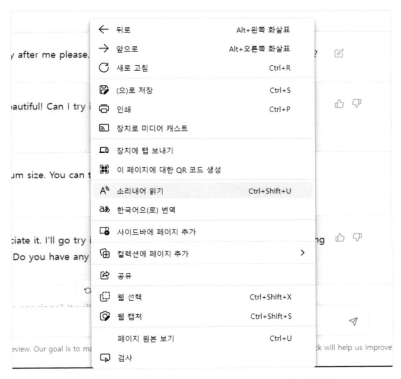

[그림 2-6] Edge 브라우저 우클릭 메뉴 중 '소리 내어 읽기'

    TTS 기능을 사용하려면, Edge 브라우저에서 웹페이지를 열고 마우스 우클릭 메뉴에서 '소리 내어 읽기'를 선택하거나, 웹페이지에서 음성으로 읽어주길 원하는 텍스트를 드래그한 후, 마우스 우클릭 메뉴에서 '소리 내어 읽기' 영역을 선택한다. 가장 쉬운 방법으로는 Edge 브라우저 주소창 우측의 아이콘을 클릭하거나 단축키 Ctrl + Shift + U를 사용하면 즉시 페이지의 영어 텍스트를 소리 내어 읽어준다.

페이지 우측 상단의 '음성 옵션'에서 읽기 속도와 음성을 선택할 수 있는데, 다양한 국적, 성별에 따른 목소리, 발음으로 읽어주기 때문에 필요에 따라 특정 국가의 발음을 정확하게 익힐 수 있어 유용하다.

[그림 2-7] '소리 내어 읽기' 음성 옵션

Edge 브라우저에서는 '몰입형 리더 선택영역 열기'라는 기능도 제공한다. 읽어주기를 원하는 텍스트를 드래그한 후, 마우스 우클릭 메뉴에서 선택할 수 있다. 이 기능은 웹페이지의 본문 내용을 간소화하고, 읽기 쉽도록 레이아웃을 조정하여 TTS 기능을 사용할 수 있도록 해준다.

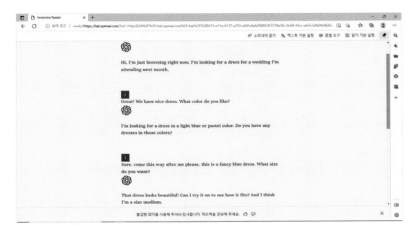

[그림 2-8] Edge 브라우저 '몰입형 리더'(뷰어 모드)

이 기능은 웹페이지에서 불필요한 부분을 제거해 주기 때문에 TTS 기능을 더 효과적으로 활용하게 해준다. 예를 들어 챗GPT 웹페이지를 열고 그대로 소리 내어 읽기를 하면 'ChatGPT Feb 13 Version. Free Research Preview. Our goal is to make AI systems more natural and safe to interact with.'와 같이 영어 대화와는 상관없는 웹페이지 상의 모든 영어 문장을 소리 내어 읽는다. 하지만 몰입형 리더를 사용하면 읽고 싶은 텍스트만 읽을 수 있으며 텍스트의 크기, 간격, 글꼴, 스타일 등을 원하는 대로 조정할 수 있다. 또, '문법 도구' 기능은 영어단어를 음절로 나누거나 품사를 색상별로 강조 표시하여 문장의 구조와 문법 을 익히는 데 도움이 된다.

[그림 2-9] Edge 브라우저 '몰입형 리더'의 '문법 도구'

다른 재미있는 기능도 있다. 몰입형 리더의 '읽기 기본 설정'에서는 '그림 사전' 기능을 제공한다. 영어 문장에서 궁금한 단어가 있으면 마우스 커서를 단어 위에 올려놓는다. 기능이 활성화되는 단어 위에서는 커서가 별 막대 모양으로 변하는데 이때 클릭하면 단어나 용어를 그림으로 표현해 준다. 모든 단어가 별 막대 모양으로 변하는 것은 아니지만 단어의 의미를 그림으로 보여줌으로써 재미있고 쉽게 단어 공부를 할 수 있다.

[그림 2-10] 몰입형 리더 '읽기 기본 설정'의 '그림 사전'

이렇게 '소리 내어 읽기' 기능을 활용하여 발음, 억양 등을 귀 기울여 듣고, 처음부터 한 문장씩 재생, 일시 정지를 반복하며 따라 읽으면 쉽고 재미있게 영어 말하기 연습을 할 수 있다.

[그림 2-11] Edge 브라우저 몰입형 리더를 사용하여 영어 문장 듣기, 말하기 연습하기

회화 연습 상대나 값비싼 어학기, 회화 애플리케이션이 없어도 내가 원하는 주제로 직접 대화하고, 틀린 부분은 교정받고, 듣기와 말하기 연습까지 할 수 있다. 모두 무료이며 사용법도 쉬워서 초등학생부터 일반인까지 널리 사용할 수 있는 유용한 인공지능 도구이다. 이제 영어학습에도 새로운 시대가 열렸다.

챗GPT와 함께라면
나도 동화 작가

1. 글쓰기 과정

　글을 쓰는 방법은 시, 소설, 희곡, 산문과 같이 글의 종류에 따라 다르다. 또 글의 종류가 같더라도 글을 쓰는 사람의 성향에 따라 방법도 다르다. 어떤 사람은 대강의 얼개를 머릿속에 그린 후 일필휘지로 써 내려가는가 하면 어떤 사람은 대강의 큰 줄거리를 세운 후 살을 붙여가며 글을 쓰기도 한다. 이처럼 글을 쓰는 과정을 정형화할 수는 없지만 대체로 글쓰기는 계획수립 → 개요 작성 → 자료 수집 → 글쓰기 → 퇴고 및 검토의 과정을 거쳐 완성하게 된다.

　계획수립 단계에서는 먼저 예상 독자를 고려해야 한다. 세부적으로는 나이, 성별, 직업, 지식수준 등을 고려한다. 또 독자의 범위를 일반 독자를 대상으로 할 것인지 또는 특정한 범위로 한정할 것인지 먼저 분명하게 하는 것이 좋다. 독자의 대상과 범위를 분명하게 정하면 예상 독자의 흥미나 관심 등을 고려하여 글의 목적을 결정한다. 정보를 전달할 것인지, 글을 통해 교훈을 줄 것인지, 독자에게 감동이나 흥미를 느끼도록 할 것인지 등 목적을 통해 글의 종류를 결정한다.

다음으로 개요를 작성한다. 개요란 글의 뼈대를 세우는 것으로 쓸 내용과 순서, 분량 등을 정하는 것이다. 계획수립 단계에서 정한 주제와 관련하여 떠오르는 생각을 브레인스토밍이나 마인드맵 등의 기법으로 표현한 후 문단별로 쓸 내용을 정리하면 개요를 더욱 쉽게 작성할 수 있다. 소설과 같이 긴 내용을 글을 쓸 때는 글의 분량을 정하기가 쉽지 않지만, 짧은 글을 쓸 때는 대략적인 글의 분량을 정하는 것이 좋다. A4 기준으로 1매면 띄어쓰기 공백을 포함하여 대략 1,600자이며 200자 원고지로는 8매 정도 되는 분량이 된다. 독후감이나 수필을 쓸 때는 보통 이 정도의 분량으로 쓸 수 있으나 글의 종류와 글쓴이에 따라 분량은 달라질 수 있다. 분량을 정한 후에는 문단의 수를 정한다. A4 1매 정도의 글이라면 대략 5~6개의 문단이 적당하다.

쓰고자 하는 글의 개요를 작성하였으면 자료를 모아야 한다. 자료는 다양한 방법으로 많이 모은 후 내용을 정리해 추려가면서 정리하는 것이 좋다. 본인의 경험만으로도 자료를 모을 수 있지만 다른 사람과의 대화나 인터뷰 등을 통하면 더욱 풍부한 자료를 모을 수 있다.

자료 수집과 주제가 선정되면 본격적으로 글을 쓴다. 개요를 참고하여 자신이 구상했던 글을 흐름대로 쓴다. 글을 쓸 때는 개요에 맞게 쓰며 주제를 명확하게 하고 적절한 단어와 문법을 사용해야 한다. 하나의 주제에 따라 처음과 중간, 끝의 각 단계가 명확하게 드러나도록 내용을 조직해야 하고 통일감이 있다.

글쓰기 과정을 마치면 독자의 시각으로 글을 읽으며 맞춤법이나 띄어쓰기, 문법 등을 점검하며 고쳐 쓴다. 독자에게 주제와 내용이 잘 전달되는지, 주제에 대한 일관성을 벗어나지는 않는지, 개연성은 적당한지 등을 고려하며 읽어보고 고쳐 쓰는 과정을 반복하여 글의 완성도를 높인다.

2. 챗GPT로 동화 쓰기

챗GPT는 사용자와 주고받는 대화에서 질문에 답하도록 설계된 언어 모델로 사용자와 대화하는 것에 특화되어 있다. 그러나 언어 모델을 적용한 자연어 인공지능의 한계로 자신이 무슨 말을 하고 있는지, 자신이 어떤 말을 전달하고 있는지 추리하지는 못한다. 그 이유는 학습형 인공지능은 사전 데이터들로 답변에 등장하는 단어의 문장 위치별 확률을 계산하여 어떤 특성을 갖는 단어들이 질문의 문장상 어느 위치에 사용되었을 때, 답변 문장 내에 다른 단어가 무엇이 쓰이고 어디에 있을지의 확률로 답변하기 때문이다.

그런데도 챗GPT는 많은 양의 사전 데이터를 학습하여 사용자의 자료 수집을 위한 수고를 덜어주고 이야기를 논리적으로 전개해 나가는 데 도움을 줄 수 있다. 이 과정에서 사용자는 챗GPT에 적절한 질문을 해야 한다.

챗GPT를 이용하여 초등학교 저학년 학생들이 읽을 만한 동화를 써 보려고 한다. 어려움을 극복하고 성장하는 주인공을 통해 독자들이 용기를 가질 수 있는 내용을 담고 싶다. 올해가 토끼의 해이기도 하고 예상 독자들에게 특별히 거부감을 줄 만한 동물이 아니기에 주인공을 토끼로 선정하여 아래와 같이 질문을 하였다.

 소심했던 토끼가 여행을 떠나면서 다양한 경험을 통해 자신감을 찾고 마음이 건강하게 성장하는 동화를 써줘

번역결과

Write a fairy tale in which a timid rabbit goes on a journey, finds confidence through various experiences, and grows healthy.

다음은 위의 질문에 대하여 챗GPT가 작성한 동화이다.

어느 날 Thumper는 굴 밖의 세상을 보고 싶다고 결심했습니다. 그는 심호흡하고 초원으로 나갔다. 처음에 Thumper는 모든 소리와 그림자를 두려워했지만, 곧 바깥세상이 경이로움과 흥분으로 가득하다는 것을 알게 되었습니다.

초원을 헤매다가 Thumper는 Flutter라는 친근한 나비를 만났습니다. Flutter는 Thumper에 자신의 진정한 부름을 찾을 수 있는 마법의 숲으로 가는 길을 보여주겠다고 제안했습니다.

Thumper는 처음에는 주저했지만, Flutter를 믿고 그를 따라 숲으로 들어갔습니다. 숲에서 Thumper는 Hoot이라는 현명한 늙은 올빼미를 만났습니다. Hoot은 Thumper가 본능을 사용하고 용감해지도록 격려했습니다. Thumper는 자신의 직감을 신뢰하는 법을 배웠고 더 자신감을 느끼기 시작했습니다.

Thumper는 여행을 계속하면서 많은 어려움에 직면했습니다. 위험한 강을 건너고, 가파

른 산을 오르고, 사나운 포식자와 맞서야 했습니다. 하지만 도전할 때마다 Thumper는 더 강해지고 회복력이 생겼습니다.

그 과정에서 Thumper는 Grace라는 이름의 친절한 사슴을 만났습니다. Grace는 Thumper에 건강한 식단과 운동의 중요성을 보여주었습니다. Thumper는 더 많은 과일과 채소를 먹기 시작했고 초원에서 뛰고 놀기 시작했습니다.

날이 갈수록 Thumper는 더 건강해지고 행복해졌습니다. 그는 용감해지고 자신의 본능을 믿고 자신의 몸을 돌보는 법을 배웠습니다. Thumper는 예전과는 다른 토끼가 되었습니다. 이제 그는 강하고 자신감 있고 건강한 토끼가 되었습니다.

Thumper는 여정의 끝에 도달하면서 그가 극복한 모든 장애물을 되돌아보았습니다. 그는 전에 느껴보지 못한 자부심과 성취감을 느꼈습니다. Thumper는 자신에게 닥친 모든 도전에 직면할 수 있다는 것을 알고 있었습니다.

그날부터 Thumper는 행복하고 만족스러운 삶을 살았습니다. 그는 자신 있게 세상을 탐험했고, 많은 새로운 친구를 사귀었으며, 여행에서 배운 교훈을 항상 기억했습니다. Thumper는 자신을 믿고 본능에 충실하면 무엇이든 가능하다는 것을 알고 있었습니다. 그렇게 그는 행복하게 살았습니다.

독창적이지는 않지만, 초등학교 저학년이 읽기에는 크게 손색이 없는 동화가 만들어졌다. 그러나 중간 내용이 많이 생략된 듯하고 개연성이 부족한 내용도 더러 보인다. 주인공이 어려움을 극복하는 과정을 좀 더 자세하게 서술하고 싶어 챗GPT에 Thumper가 강을 건널 때 어떤 어려움을 만났고 그 어려움을 어떻게 극복했는지 자세히 알려달라고 질문하자 다음과 같이 대답하였다.

Thumper가 강을 건너고 있을 때 그는 갑자기 물살이 점점 더 강해지고 격렬해지는 것을 느꼈습니다. 강은 그가 생각했던 것보다 더 깊었고, 그는 물속에서 몸부림치기 시작했습니다. 강은 넓고 Thumper는 강 한가운데서 매우 작고 취약하다고 느꼈습니다.

덤퍼는 반대편으로 헤엄쳐 가려고 할수록 두려움과 불안이 커졌습니다. 그는 사방에서 돌진하는 물을 볼 수 있었고 물살이 그를 아래로 끌어당기고 있었습니다. 덤퍼는 익사하는 것 같았고 숨을 쉴 수 없었습니다.

하지만 덤퍼는 새로운 친구들의 조언을 기억했습니다. 그는 본능을 믿고 용감하게 해야한다는 걸 알았습니다. Thumper는 그가 안전하리라는 것을 알았던 강 건너편에 집중했습니다. 그는 당황하지 않고 침착함을 유지하는 것이 중요함을 기억하고 심호흡을 한 후 계속 수영했습니다.

덤퍼는 수영하면서 몸이 강해지는 것을 느꼈습니다. 그는 자신의 운동을 연습했고, 그의 근육은 이제 훨씬 더 탄탄해졌고 조류를 거슬러 수영하는 스트레스를 감당할 수 있었습니다. Thumper는 다리를 사용하여 물살에 맞서고 팔은 앞으로 노를 저으며 에너지를 낭비하지 않도록 주의했습니다.

기진맥진했지만 Thumper는 해안을 주시하고 본능을 사용하여 탐색했습니다. 그는 해안가의 바위와 나무를 가이드 삼아 천천히 반대편으로 다가갔습니다.

드디어 해안가에 도착한 덤퍼는 숨을 헐떡이며 지쳤지만, 성취감에 가득 차 있었습니다. 그는 두려움에 맞서 위험한 강을 건넜습니다. Thumper는 용감해지고 본능을 신뢰하는 법을 배웠고, 도전을 극복한 자신에 대해 자부심을 느꼈습니다.

그 순간부터 Thumper는 새로운 자신감으로 가득 찼습니다. 그는 집중하고 단호한 태도를 유지하는 한 자신에게 오는 어떤 장애물에도 맞설 수 있다는 것을 알고 있었습니다. Thumper는 정신적으로나 육체적으로 더 강해졌고 세상이 그를 위해 준비한 모든 것을 받아들일 준비가 되었습니다.

이번에는 가파른 산을 오를 때 Thumper의 마음은 어떠했는지, 그리고 포기하고 싶지는 않았는지 심리묘사를 좀 더 자세히 써주면 좋겠다고 질문하였다. 그러자 챗GPT는 다음과 같이 대답하였다.

산을 오르는 도중 Thumper는 처음에는 희망적이었습니다. 그러나 가파른 경사로 인해 그의 마음은 점점 힘들어졌습니다. 그는 지쳐서 숨이 차고 다리는 피곤해졌습니다. 그는 절대 올라갈 수 없다는 생각이 들었습니다.

그러나 Thumper는 오른쪽과 왼쪽을 둘러보며, 그의 목적지를 생각했습니다. 그는 맨 위에서 멋진 전망을 볼 수 있을 것이라고 상상했습니다. 이것은 그의 기분을 다시 활기차게 만들어주었습니다.

그의 다리는 아프지만, 그는 포기하고 싶지 않았습니다. 그는 고개를 들어 위쪽을 바라보며, 다리의 힘을 다해 오르려고 노력했습니다. 이때까지 그는 이미 여러 어려움을 이겨냈고, 그것들을 이겨내는 것이 그에게 능력을 부여했기 때문에 Thumper는 다시 한번 이 어려움을 이겨낼 수 있다고 믿었습니다.

그의 마음은 전보다 더욱 강해졌습니다. 그는 전에는 생각지도 못한 양의 힘을 발휘했습니다. 그는 기왓장 또는 새끼산양처럼 쉽게 포기하지 않았습니다. 이제 그는 자신이 할 수 있는 일에 대해 자신감을 가졌습니다.

결국 Thumper는 산 정상에 도착했습니다. 그는 힘겹게 도착했지만, 그의 마음은 산을 오르며 얻은 성취감으로 가득 찼습니다. 이제, 그는 산 아래의 경치를 구경하면서, 자신의 능력과 용기에 대해 자랑스러워했습니다. 이 경험을 통해 Thumper는 새로운 자신감과 용기를 얻었습니다. 이제 그는 어려움을 이겨내기 위해 능력과 용기가 있는 것을 알고 있었습니다.

영어를 한국어로 번역하는 과정에 주인공의 이름이 한글과 영문이 번갈아 가며 나오는 것과 번역 투의 문장이 있는 등 문제는 있었다. 하지만 전반적으로 내용을 주제에 맞게 잘 써주었으며 상황이나 심리묘사도 비교적 잘하는 것을 볼 수 있었다.

챗GPT로
이미지 크롤링하기

1. 이미지 크롤링 코드 생성

크롤링(crawling)이란 웹상에서 데이터를 수집하는 과정을 의미한다. 단순한 작업이 많으므로 크롤러(crawler) 또는 스파이더(spider)라고 불리는 자동화된 프로그램을 사용한다.

웹 크롤링은 데이터 분석, 연구 또는 애플리케이션 구축과 같은 다양한 목적을 위해 웹사이트 또는 API와 같은 다양한 소스에서 데이터를 수집하는 데 유용하다. 추출된 데이터는 필요에 따라 저장, 처리 또는 분석하는 데 사용한다. 기상청이나 국제해양대기국(National Oceanic and Atmospheric Administration)과 같은 곳에서 과거의 기온 변화 데이터를 수집하여 앞으로 기후가 어떻게 변할 것인지 예측하는 모델로 사용할 수 있다. 또는 인공지능을 학습하기 위하여 정제된 데이터나 이미지 등이 필요할 때 크롤링을 할 수 있다.

그러나 무분별한 크롤링은 웹사이트의 서비스 약관이나 저작권법을 위반할 수 있다. 또는 과도한 크롤링이 웹사이트 서버에 과부하를 주어 웹사이트 속도를 느리게 하거나 중단시켜 다른 사용자에게 피해를 줄 수도 있다. 무엇보다 개인정보와 관련된 데이터는 범죄로도 이어지므로 책임감 있고 윤리적인 방식으로 사용되는 것이 중요하다.

챗GPT는 인공지능 언어 모델로 웹사이트의 데이터를 크롤링하지 않는다. 다만 파이썬과 같은 도구를 이용하여 크롤링할 수 있도록 코드를 작성하여 줄 수는 있다. 그러나 파이썬을 이용하여 크롤링하는 것은 설치과정에서 초심자에게는 어려울 수 있으므로 Colab에서 사용할 수 있는 코드를 요청하도록 하겠다. Colab이란 Google Colaboratory의 줄임말로 사용자가 로컬 설정이나 컴퓨터에 추가 소프트웨어를 설치할 필요 없이 웹 브라우저에서 Python 코드를 작성하고 실행할 수 있는 무료 서비스다.

구글에서는 이미지를 크롤링하는 것이 제한되므로 Bing에서 '토끼'로 검색된 이미지를 크롤링하도록 하였다.

**Bing에서 '토끼'로 검색된 이미지를 Colab에서
어떻게 크롤링할 수 있는지 자세히 설명해줘.**

Google Colab을 사용하여 Bing에서 '토끼'로 검색된 이미지를 크롤링하려면 다음 단계를 따라야 합니다.

1. 필요한 패키지를 설치합니다.
Bing에서 이미지를 다운로드할 수 있는 bing-image-downloader 패키지를 설치해야 합니다. 다음 명령을 실행하여 Colab의 pip 패키지 설치 프로그램을 사용하여 이 패키지를 설치할 수 있습니다.

2. 필요한 패키지 가져오기

Bing에서 이미지를 검색하고 다운로드하려면 bing 기능이 포함된 bing_image_downloader 패키지를 가져와야 합니다. 또한 디렉터리를 생성하고 파일을 이동할 수 있는 os 패키지를 가져와야 합니다.

3. 검색 매개변수 설정

이미지 검색을 위한 검색 매개변수를 설정합니다. 이 경우 '토끼' 이미지를 검색하고 검색을 100개 이미지로 제한합니다. 다운로드한 이미지를 저장할 출력 디렉터리도 설정합니다.

4. 이미지 다운로드

bing_image_downloader 패키지의 bing 기능을 사용하여 Bing에서 이미지를 다운로드합니다. 매개변수로 검색어, 제한 및 출력 디렉터리를 지정합니다. 이 기능은 지정된 이름이 존재하지 않는 경우 지정된 이름으로 새 디렉터리를 생성하고 다운로드한 이미지를 이 디렉터리에 저장합니다.

```bash
downloader.download(search_term, limit=limit, output_dir=output_directory)
```

5. 다운로드한 이미지를 확인합니다.

os 패키지를 사용하여 출력 디렉터리에 파일을 나열하여 이미지가 다운로드 되었는지 확인합니다. os.listdir() 함수를 사용하여 디렉터리에 있는 파일을 나열할 수 있습니다.

```lua
files = os.listdir(output_directory)
print("Number of images downloaded:", len(files))
```

이렇게 하면 Bing에서 다운로드한 이미지 수가 표시됩니다. 이미지 뷰어를 사용하여 다운로드한 이미지를 보거나 IPython.display 패키지를 사용하여 Colab에 표시할 수도 있습니다.

```python
from IPython.display import Image
from IPython.core.display import HTML

for image in files:
    display(Image(filename=f"{output_directory}/{image}"))
```

그게 전부입니다! Google Colab을 사용하여 Bing에서 '토끼'로 검색된 이미지를 크롤링하는 단계입니다.

2. 크롤링 실행하기

먼저 구글 Colab을 실행한다. 구글 드라이브에서 새 파일에서 구글 Colab 메뉴를 선택하여 만들거나 https://colab.research.google.com/로 접속하여 파일-새 노트로 시작해도 된다.

새 노트로 시작하여 파일명을 수정하고 +코드 버튼을 눌러 코드 작성란이 나오면 챗GPT에 작성해 준 코드를 붙여넣고 좌측의 실행 버튼을 눌러 실행하거나 Shift+enter 키를 눌러 실행한다. 이때 챗GPT가 작성한 코드를 순서에 맞게 실행해야 한다.

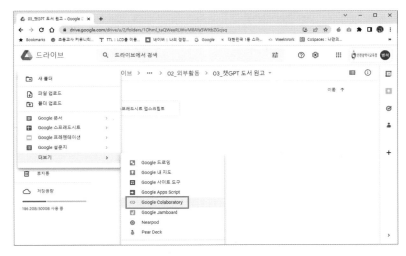

[그림 2-12] 구글 Colab 실행

[1]~[3]은 검색을 위한 준비과정으로 그리 많은 시간이 소요되지 않는다. 라이브러리를 설치하고 가져온 후 검색 매개변수를 설정했을 뿐이기 때문이다. 검색어를 토끼가 아닌 다른 것으로 검색하고 싶으면 search_term = " "에 검색하고자 하는 단어를 입력하면 된다. 검색 결과의 개수는 limit = 의 숫자를 바꾸어주면 된다. 여기서는 토끼로 검색한 이미지 100개를 다운로드하였다.

[4] 과정은 실제로 이미지를 검색하여 다운로드되는 과정으로 시간이 많이 소요되었다.

[그림 2-13] 이미지 크롤링 코드 실행 모습

[그림 2-14] 이미지 크롤링 결과

[4] 과정까지만 실행이 되어도 폴더에 이미지가 저장된 것을 볼 수 있다. 화면 왼쪽의 폴더 아이콘을 눌러보면 [3] 과정에서 지정한 디렉터리명으로 이미지 폴더가 생성된 것을 볼 수 있다. 이미지가 저장된 폴더에서 파일을 선택하여 점 세 개의 케밥 메뉴 아이콘을 눌러보면 파

일을 내려받을 수 있다.

그러나 일일이 내려받은 것은 매우 번거로운 일이다. 챗GPT에 크롤링한 이미지 파일을 한 번에 내려받는 방법을 설명해달라고 하였다.

크롤링한 이미지를 한꺼번에 내려받는 방법을 설명해줘.

Colab에서 크롤링한 모든 이미지를 한 번에 다운로드하려면 zipfile 모듈을 사용하여 다운로드한 이미지가 포함된 폴더를 압축한 다음 압축 파일을 다운로드할 수 있습니다.

크롤링한 이미지를 한 번에 다운로드하는 단계는 다음과 같습니다.

1. zip 파일 모듈 가져오기

```python
import zipfile
```

2. zipfile 모듈을 사용하여 다운로드한 이미지가 포함된 폴더를 압축합니다.

```python
zip_filename = "images.zip"
with zipfile.ZipFile(zip_filename, "w", zipfile.ZIP_DEFLATED) as zip:
    for image_file in os.listdir("downloads"):
        zip.write(os.path.join("downloads", image_file))
```

이렇게 하면 현재 디렉터리에 'images.zip'이라는 새 zip 파일이 생성되고 'downloads' 폴더의 모든 이미지 파일이 다음 위치에 추가됩니다.

3. google.colab 모듈에서 files.download() 함수를 사용하여 압축 파일을 다운로드합니다.

```python
from google.colab import files
files.download(zip_filename)
```

이렇게 하면 사용자에게 압축 파일을 다운로드하라는 메시지가 표시됩니다. 전반적으로 위의 코드는 다운로드한 모든 이미지를 단일 zip 파일을 다운로드할 수 있습니다.

챗GPT가 생성한 코드를 Colab에 붙여넣어 실행한다. 그런데 이때 두 번째 코드에서 디렉터리 이름을 바꾸어주어야 한다. 챗GPT는 downloads 폴더에 저장된 이미지를 압축하도록 코드를 짰지만 실제로는 rabbit_images 폴더의 rabbit 폴더에 이미지가 저장되어 있기 때문이다. 따라서 'downloads'를 'rabbit_images/rabbit'로 바꾸어야 한다.

[그림 2-15] 이미지를 저장한 결과

챗GPT를 이용하면 코드를 잘 모르는 초심자도 코드를 작성하여 많은 부분의 업무를 자동화하여 편리해질 수 있다. 그러나 문법에 대한 어느 정도의 이해를 해야 하며 자신의 업무와 관련하여 자동화하려는 노력 또한 필요할 것이다.

AI로 만드는 동요

1. 일반적인 작곡 방법

음악이 언제부터 어떻게 발생하였는지는 역사적으로 기록되어 있지 않다. 동물의 울음소리를 따라 했다는 설, 의사소통으로부터 발전이 되었다는 설, 주술의 도구로부터 시작되었다는 설 등 다양한 가설이 있다. 독일 울름 박물관에서 소장하고 있는 사자 모양의 머리를 한 인간 조각작품이 약 4만 년 전 제작된 것으로 알려졌으며 빈 자연사 박물관에서 소장 중인 빌렌도르프의 비너스가 약 2만 8천 년 전의 작품으로 모두 주술이나 기원용으로 제작된 것으로 미루어보면 음악의 역사는 이보다 더 오래되었다고 짐작할 수 있다. 이처럼 음악은 인류 문화발전에 지대한 영향을 미쳤으며 현재도 문화에 많은 영향을 주고 있다.

작곡이란 사전적 의미로 음악 작품을 창작하는 일 또는 시(詩)나 가사에 가락을 붙이는 일을 의미한다. 넓은 의미에서는 곡을 만들고, 곡에 어울리는 가사를 만들고, 다른 악기 등과 어울릴 수 있도록 편곡하는 일련의 과정을 작곡이라고 할 수 있다. 하지만 음악을 만드는 데 있어서 작곡은 주선율을 만드는 것을 의미한다. 작곡하는 방법은 '작곡가마다 다른 방법이 있다'라고 할 정도로 매우 다양하다. 차이콥스키는 거리의 악사가 부르는 노래를 활용하여 '피아노협주곡 1번'을 작곡하였고, 폴 매카트니는 꿈에서 들은 선율로 'Yesterday'를 작곡하였다. 자신의 이야기를 가사로 써서 곡을 붙이기도 하고, 주변의 경험을 바탕으로 곡을 만들기도 한다. 여러 방법이 있지만, 작곡 초심자들은 아이디어부터 시작하는 것이 좋다. 작곡을 시작하기 전에 무엇을 만들고 싶은지에 대한 일반적인 아이디어를 갖는 것이 도움이 된다. 테마, 분위기, 이야기, 멜로디 또는 영감을 주는 모든 것이 될 수 있다. 자유로운 글쓰기, 스케치 또는 다양한 소리나 질감으로 실험을 통해 아이디어를 브레인스토밍할 수 있다.

일반적인 아이디어를 떠올렸다면 세부적인 내용을 계획하는 것이 좋다. 여기에는 스토리 개요, 코드 진행 생성 또는 시각적 레이아웃 스케치가 포함될 수 있다. 챗GPT에 이 부분을 도움받을 수 있다. 스토리가 만들어지고 코드 진행이 만들어졌다면 다양한 소리나 악기로 연주를 하고 수정해본다. 다양한 것을 실험하고 새로운 것을 많이 시도할수록 좋은 음악이 만들어진다. 또 수정은 창작 과정의 핵심 부분이므로 진행하면서 변경하는 것을 두려워하면 안 된다. 수많은 연습과 수정으로 곡이 완성되면 다른 사람들의 피드백을 구하는 것이 좋다. 피드백은 창의적인 아이디어를 구체화하고 작곡가로서의 기술을 향상하는 데 도움이 되기 때문이다.

2. 챗GPT로 동요 제작하기

동요를 만들기 위해서는 멜로디와 가사가 필요하다. 동요는 어린이들을 위한 노래로 운율이나 선율이 비교적 단순하여 작곡이 쉬울 수 있다. 그러나 챗GPT는 사용자와 주고받는 대화에서 질문에 답하도록 설계된 언어 모델이므로 작곡에 능숙하지 않다. 다만 가사를 만드는 데는 도움을 줄 수 있으므로 먼저 가사를 만드는 것이 좋다. 가사를 만든 이후에 가사에 어울리는 코드를 추천받아 보도록 하겠다.

1) 가사 만들기

먼저 어떤 분위기의 곡을 만든 것인지 생각하는 것이 좋다. 동요는 서정적인 선율이나 밝고 경쾌한 음악이 대부분이지만 그 외의 분위기를 생각하는 것도 좋다. 곡의 분위기를 고려하였다면 동요의 주제를 정하는 것이 좋다. 동물, 자연, 상상력이나 창의성, 우정, 가족, 모험이나 탐험, 꿈, 아이들의 일상생활 등이 주제가 될 수 있다.

작곡하고자 하는 주제가 있다면 바로 챗GPT에 가사 추천을 물어보아도 된다.

동요와 어울리는 가사를 챗GPT에 추천을 요청하였다.

Verse 1:
I see a rabbit, it's hopping around
Its fluffy tail is bouncing off the ground
With each jump, it goes higher and higher
I wish I could jump like that, I admire

Chorus:
Jumping and jumping, I feel so alive
Watching that bunny, it makes me thrive
Its joy is contagious, I can't help but smile
Watching it jump, mile after mile

Verse 2:
It hops and hops, like it has no care
Its energy and grace is beyond compare
I want to follow it, jump alongside
Feeling the freedom, like I'm on a ride

Chorus:
Jumping and jumping, I feel so alive
Watching that bunny, it makes me thrive
Its joy is contagious, I can't help but smile
Watching it jump, mile after mile

Bridge:
Oh, how I wish I could be that rabbit
Jumping and hopping, without a habit
But for now, I'll watch and cheer
As it jumps and jumps, with nothing to fear

Chorus:
Jumping and jumping, I feel so alive
Watching that bunny, it makes me thrive
Its joy is contagious, I can't help but smile
Watching it jump, mile after mile

Outro:
The rabbit hops away, into the sunset
But its joy and energy, I won't forget
I'll keep jumping, in my own way
And feel the joy, every single day.

번역 결과

1절:
토끼가 보입니다. 깡충깡충 뛰어요.
푹신한 꼬리가 땅에서 튀어 오르고 있습니다.
점프할 때마다 점점 더 높아져
나도 그렇게 뛸 수 있으면 좋겠어, 존경해
코러스:
뛰고 뛰고 살아있음을 느껴
저 토끼를 보고 있으면 힘이 난다.
그 기쁨은 전염돼, 난 웃지 않을 수 없어
1마일마다 점프하는 모습

2절:
깡충깡충 뛴다. 아무렇지 않은 듯
그 에너지와 우아함은 비교할 수 없습니다.
따라가고 싶어 나란히 뛰어
타고 있는 듯한 자유로움을 느끼며

Chorus:
뛰고 뛰고 살아있음을 느껴
저 토끼를 보고 있으면 힘이 난다.
그 기쁨은 전염돼. 난 웃지 않을 수 없어
마일마다 점프하는 모습

Bridge:
오, 내가 그 토끼가 될 수 있으면 얼마나 좋을까
버릇없이 점프와 호핑
하지만 지금은 지켜보며 응원할게
두려울 것 없이 쿵쾅쿵쾅 뛰면서
합창:
뛰고 뛰고 살아있음을 느껴

저 토끼를 보고 있으면 힘이 난다.
그 기쁨은 전염돼. 난 웃지 않을 수 없어
마일마다 점프하는 모습

아웃트로:
토끼는 뛰쳐나와 노을 속으로
하지만 그 기쁨과 에너지를 잊지 않겠습니다.
계속 뛰어 내 멋대로
매일매일 기쁨을 느끼세요.

2) 코드 추천받기

챗GPT는 언어 모델로 작곡에 유용하지 않다. 그러나 많은 양의 텍스트 데이터에 대해서 학습하여 일반적인 코드의 진행을 추천해 줄 수 있다. 챗GPT가 추천해 준 가사가 길어 조금 줄여서 코드를 추천해 달라고 요청하였다.

가사를 좀 줄이고 어울리는 코드를 붙여서 나타내줘.

이 가사에 어울리는 코드는 다음과 같습니다.
[C]Look at the [G]rabbit jump and [Am]hop
Watch it [G]bounce and never [C]stop
[C]Soft and [G]fuzzy, [Am]cute as can be
Watching it [G]jump fills me with [C]glee

[C]Rabbit, [G]rabbit, [Am]jump so high
Up in the [G]sky, you can [C]fly
[C]Leaping [G]around, [Am]feet off the ground
Watching you [G]jump makes my [C]heart pound

[C]Rabbit, [G]rabbit, [Am]you're so fun

---

3) 연주하기

챗GPT에서는 곡을 연주할 수 없어 GarageBand 앱을 이용하여 연주하였다. GarageBand 앱은 iOS용 DAW(Digital Audio Workstation)로 애플의 모바일기기에서 무료로 사용할 수 있다.

GarageBand 앱을 실행하여 프로젝트를 생성하면 오케스트라의 현악기 종류를 연주할 수 있는 스트링, 어쿠스틱 및 베이스라인을 연주할 수 있는 베이스, 기타, 드럼 등 다양한 악기가 보이는데 그중 적합한 악기를 선택한다. 필자는 우선 키보드에서 그랜드 피아노를 선택하였다. 악기를 선택하면 건반이 보일 수도 있는데 챗GPT가 코드로 추천하였으므로 화면 오른쪽 가운데의 메뉴(①)를 터치하여 화음 모드로 전환한다. 상단의 톱니바퀴 메뉴(②)를 터치하여 템포와 박자, 조표 등을 설정한다. 상단의 레코드 버튼(③)을 눌러 메트로놈이 시작되면 박자에 맞추어 녹음하여 곡을 완성한다.

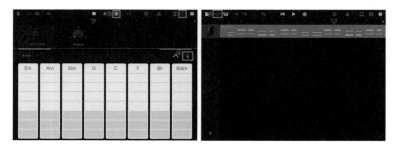

[그림 2-16] GarageBand에서 피아노로 연주한 결과

피아노 연주가 끝나면 다른 악기를 추가해 본다. 악기 선택 메뉴(④)를 선택하면 초기 메뉴가 보이는데 다른 악기를 선택하여 피아노와 같은 방법으로 녹음을 진행한다. 악기 종류 중에 오디오 레코더는 음성을 녹음할 수도 있고 다른 악기의 사운드를 가져와 녹음할 수도 있다.

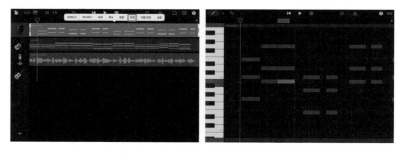

[그림 2-17] Garageband 편집화면

녹음이 완료되면 각각의 악기 트랙을 편집할 수 있다. 악기 트랙을 두 번 터치하여 편집 메뉴를 실행하면 각각의 음이 막대 형태로 표시가 되는데 길이를 조절하거나 오려두기, 복사하기, 삭제 등 간단한 편집

도 할 수 있다.

안드로이드 기기에서는 Walk Band 앱이 대안이 될 수 있다.

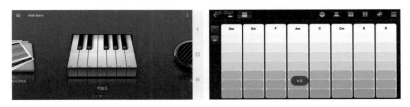

[그림 2-18] Walk Band 앱 실행 화면

Walk Band 앱 역시 **GarageBand** 앱과 마찬가지로 다양한 악기로 연주할 수 있다. 다만, MIDI나 MP3의 음원 형태로 녹음이 되므로 **GarageBand** 앱에서처럼 각각의 트랙을 세부적으로 편집하는 데에는 제한이 있다.

챗GPT는 언어 모델이지만 다방면의 텍스트를 학습하였으므로 동요 정도의 간단한 가사를 생성하고 그에 어울리는 화음을 추천할 수는 있다. 그러나 여전히 사람의 마음을 움직이게 하거나 더욱 창의적인 작곡은 사람을 능가할 수 없다. 취미 정도로 간단한 음악을 만들어 보는 활동에 추천한다.

AI로 만드는
동영상

1. 일반적인 동영상 제작 방법

유튜브의 등장과 함께 현대인은 수많은 동영상을 만들고 공유하고 있다. 과거에는 UCC(User Created Contents)라는 개념으로 사용자가 직접 콘텐츠를 만들고 공유하는 것에 대해 사용되었다. 또 과거에는 좋은 품질의 영상을 제작하기 위해서 고가의 장비가 필요했기 때문에 일반인들이 영상 콘텐츠를 만드는 것이 어려웠으나 현대에는 뛰어난 성능의 스마트폰이 보급되면서 누구나 영상을 촬영하고 간단한 편집 프로그램으로 영상을 편집해서 유튜브나 틱톡과 같은 플랫폼에 탑재하여 공유하고 있다.

쉬워진 동영상 촬영과 편집 기술이 있어도 좋은 동영상을 만들기 위해서는 많은 시간과 노력이 필요한 것이 사실이다. 먼저 동영상 제작을 위해 대본을 짜야 한다. 물론 대본 없이 리얼 다큐나 브이로그와 같이 찍는 영상도 있지만, 중요한 목적으로 만드는 동영상은 대본이 필요하다. 대본 없이 동영상 제작을 하면 편집하는 데 많은 시간이 걸리거나 과도하게 긴 동영상을 만들 수 있다. 거듭하여 다시 촬영해야 하는 일도 있다. 대본을 위해 간단히 아웃라인을 작성하고 콘티를 짜며 동영상 제작을 위한 대본을 제작하게 된다.

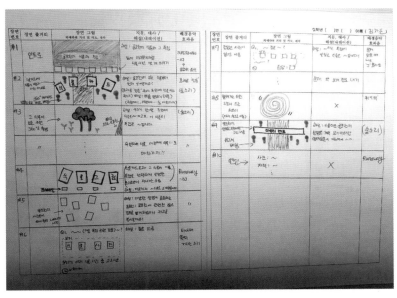

[그림 2-19] 콘티 예시

내용에 대한 준비가 끝나면 동영상을 촬영하거나 저작권 없는 무료 영상을 사용한다. 동영상은 프로슈머 카메라로 촬영하거나 스마트폰으로 촬영해도 된다. 무료 영상은 픽사베이 비디오(https://pixabay.

com/videos/)나 픽셀스(https://www.pexels.com/videos/), 비디보(https://www.videvo.net/) 등과 같은 사이트를 이용해서 자신이 만들기 원하는 동영상에 어울리는 영상을 사용할 수 있다.

필요한 영상까지 준비되었으면 동영상을 편집해야 한다. 프리미어 프로나 파워디렉터와 같은 프로그램을 사용하여 양질의 동영상을 만들 수 있다. 좋은 품질의 동영상을 제작하기 위해 사용되는 프로그램은 유료로 구매해야 한다. 하지만 키네마스터나 비바비디오 등과 같은 무료 소프트웨어나 스마트폰 앱으로도 편집할 수 있다. 이러한 절차를 걸쳐서 동영상을 제작해야 하므로 생각보다 많은 시간과 노력이 필요하다.

2. 챗GPT로 영상 제작하기

1) 스크립트 만들기

동영상을 만들기 위해 동영상의 내용과 자막이 필요하다. 어떤 내용으로 동영상을 만들지, 동영상 자막이나 음성은 어떻게 만들지 고민할 것이 많다. 이때 챗GPT를 활용하면 동영상에 활용할 수 있는 자막이나 내용을 쉽게 만들 수 있다.

예를 들어 자신이 관심 있어 하는 분야에 대한 아이디어를 추천해달라고 할 수 있다. 정치, 경제, 역사, 문학, 음악, 미술 등 다양한 분야에 대해 질문을 구체적으로 하면 좋은 아이디어를 얻을 수 있다. 필자는 챗GPT와 같은 인공지능이 생활에서 사용되고 함께 살아가야 할 인공지능 시대에 대해 관심이 많아서 인공지능 시대와 관련된 동영상을 만들려고 했다. 특히 인공지능 시대에 어떤 교육을 해야 할지와 관련된 영상을 만들기 위해 챗GPT에 질문을 하였다.

인공지능 시대의 교육은 어떠해야 하는가?

인공지능 시대의 교육은 개인이 새로운 기술 환경과 그에 따른 고용 시장의 변화에 대비하는 것을 목표로 해야 합니다. 비판적 사고, 창의성, 문제 해결 능력을 개발하는 데 중점을 두어야 합니다. 이는 AI가 점점 더 많은 삶의 측면에 통합되고 있는 세상에서 가치가 있을 것입니다.

학생들은 기술적 능력을 배우는 것이 중요합니다. AI와 AI가 사회에 미치는 잠재적 영향, AI 도구 및 응용 프로그램 사용 방법에 대해 알아야 합니다. 또한 개인 정보 보호 문제 및 편견 문제와 같은 AI의 윤리적, 사회적 영향에 대해 배워야 합니다.

기술 외에도 교육에서는 감성 지능, 커뮤니케이션 기술, 팀워크, 문제 해결, 적응력 등의 소프트 스킬을 우선해야 합니다. 소프트 스킬은 현대 사회에서 성공하는 데 필수적입니다.

학생들이 새로운 기술에 지속적으로 적응하고 빠르게 변화하는 세상에서 관련성을 유지하도록 돕기 위해 학생들의 성장 마인드셋을 개발하는 것이 중요합니다.

결론적으로, AI 시대의 교육은 비판적 사고, 윤리 및 적응력에 중점을 두고 기술적 능력과 소프트 스킬이 균형을 맞추며 성장하도록 해야 합니다.

챗GPT의 답변을 그대로 자막으로 사용해도 되고 챗GPT에 유튜브 비디오 스크립트를 만들어달라고 부탁하고 제목도 추천해 달라고 하면 도입, 전개, 정리로 스크립트를 만들고 제목도 추천해 준다. 이렇게 동영상에 사용할 스크립트를 쉽게 준비할 수 있다.

2) Pictory로 동영상 만들기

Pictory는 AI를 활용하여 간편하게 동영상을 제작해주는 서비스이다. 여러 가지 기능 중에서 텍스트를 이용해서 동영상을 만드는 기능이 있다. 챗GPT가 만들어준 답변을 동영상의 스크립트로 활용하면 Pictory의 Text To Video 기능을 사용해 AI가 스크립트의 중심이 되는 단어를 인식해서 그 단어에 어울리는 영상을 알아서 편집해준다.

Pictory AI 홈페이지(https://pictory.ai/)에 접속하여 로그인하면 네 가지 유형의 콘텐츠 제작을 선택할 수 있다. 스크립트를 동영상으로 제작하거나 각종 기사를 동영상으로 제작하는 기능, 텍스트를 사용하여 동영상을 편집하거나 기존 동영상을 이용하여 짧은 하이라이트 동영상을 제작하는 기능이 제공된다. 이 중 스크립트를 이용하여 동영상 만들기를 선택한다.

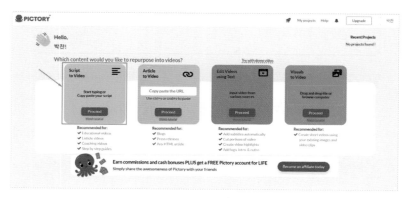

[그림 2-20] 스크립트를 동영상으로 제작 선택하기

동영상 제목과 자막으로 사용할 스크립트를 입력한다. 스크립트는 챗GPT에서 만든 스크립트를 복사해서 붙여넣기를 한다. 이때 주의할 점은 한 줄에 한 문장씩 넣어주어야 한다. 문장은 엔터를 쳐서 다음 칸으로 내리지 않으면 하나의 장면에 여러 문장이 포함된다. 문장을 구분할 때 AI가 핵심 단어를 잘 인식하고 관련된 영상을 만들어준다. 스크립트 입력이 끝나면 Proceed를 눌러 영상 제작을 진행한다.

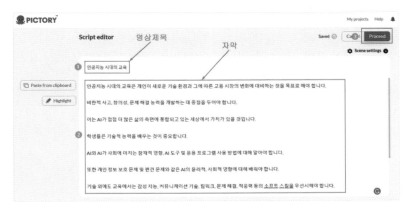

[그림 2-21] 스크립트 입력하기

동영상에 들어갈 자막 유형 템플릿을 선택해야 한다. 이것들은 자막의 모양을 결정하는 템플릿들이다. 자막의 위치와 사이즈, 크기 등을 비교해보고 선택한다. 자막과 함께 영상의 가로와 세로의 비율, 즉 16:9, 9:16, 1:1 세 가지 비율을 선택해야 하는데 영상의 용도에 맞게 선택하면 된다.

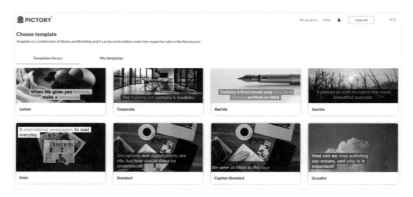

[그림 2-22] 자막 템플릿 선택하기

자막 템플릿까지 선택하면 스크립트별 영상이 제작되고 영상의 세부적인 것을 편집할 수 있는 화면이 나온다. 좌측 메뉴의 Story, Visuals, Elements, Audio, Text, Styles, Branding 등의 탭을 이용해서 영상을 추가로 편집할 수 있다.

[그림 2-23] 영상 추가 편집 화면

Story 메뉴에서 자막을 수정하거나 Visuals 메뉴에서 자막별 영상도 변경할 수 있다. Elements 메뉴에서는 영상에 스티커나 Gif 등을 삽입할 수도 있다. Audio 메뉴에서 영상의 배경 음악과 내레이션 등을 만들 수 있다. Voice-over에서 목소리를 선택하면 자동으로 자막을 읽어주는 목소리가 생성된다. 성별, 나이, 선택되는 이름마다 다른 목소리가 제공되고, 나라별로 발음도 달라지기 때문에 원하는 목소리를 선택한다. 그런데 이 기능은 영어 자막만 제공한다.

한국어를 영상에 사용하기 위해서는 음성 파일을 별도로 제작해야 한다. 텍스트를 인공지능이 음성으로 바꿔주는 프로그램으로 클로바더빙(https://clovadubbing. naver.com/)을 사용하면 좋다. 원하는 인공지능 목소리를 선택하고 자막 내용을 입력한 후, 미리 들어보고 문제가 없으면 더빙을 추가하면 된다. 클로바더빙을 사용할 때 주의할 점은 내용을 넣을 때 한 문장씩 넣어서 더빙을 추가해야 한다. Pictory에서 만든 영상이 한 문장씩 영상이 제작되었기 때문에 한 문장씩 음성 파일이 있으면 씽크를 맞추기가 쉽다. 모든 문장을 추가하였으면 음향 파일을 다운로드한다.

[그림 2-24] 클로바더빙으로 스크립트 녹음하기

음향 파일을 다운로드할 때 두 가지 유형으로 다운로드받을 수 있다. 개별 더빙 파일은 클로바더빙에 추가된 하나하나의 클립을 개별적인 파일로 제작하는 것이고 음원 파일은 하나의 프로젝트에서 만든 모든 소리를 하나의 파일로 합쳐서 다운로드할 수 있다. Pictory에서는 문장별로 만들어진 영상에 음성을 삽입해야 하므로 개별 더빙 파일로 다운로드해야 한다.

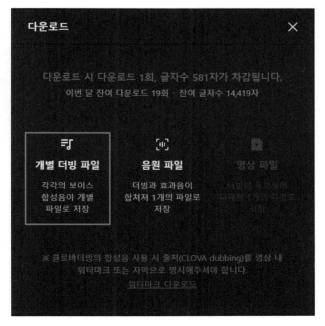

[그림 2-25] 클로바더빙에서 음원 파일 다운로드하기

스크립트를 녹음한 음원 파일이 준비되었으면 Pictory의 Audio 메뉴를 선택한다. Background music 메뉴에서 영상의 분위기를 선택하고 추천되는 여러 음악을 직접 들어보고 적용한다. 자신의 음원 파일을 사용하기 위해 My uploads 메뉴를 선택하고 준비된 음원 파일을 업로드한다. 업로드된 파일과 영상 클립을 연결해준다. 먼저 원하는 Scene을 선택하고 Scene에 맞는 음원 파일을 선택하고, Current scene에 적용한다.

[그림 2-26] Scene과 음향 파일 연결하기

　편집이 끝나면 우측 상단의 preview를 눌러서 영상이 어떻게 나왔는지 확인한다. 동영상으로 제작하기 전에 동영상의 포맷을 확인한다. 동영상의 화질과 가로세로 비율을 선택하고 Generate를 클릭하여 동영상을 추출한다. 동영상이 완성되는 데는 보통 5~ 10분 내외의 시간이 소요된다.

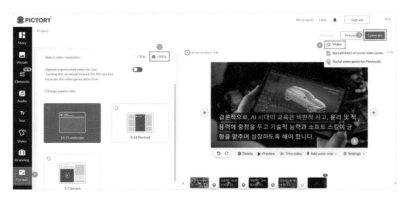

[그림 2-27] 동영상 포맷 설정과 제작하기

진로 상담

1. 진로 탐색

　진로의 사전적 의미는 '앞으로 나아갈 길'이라는 뜻이다. 앞으로 우리가 살아갈 삶은 일과 밀접한 관련이 있으므로 진로는 일과 관련된 인생행로를 의미한다고 할 수 있다. 그러나 막연히 어떤 직업을 가질 것인지, 대학의 무슨 과를 갈 것인지를 정하는 것이 진로 교육이 아니다. 앞으로 나아가기 위해 현재의 삶을 돌아보고 자신을 이해하는 것부터가 진로 교육의 시작이다. 학생들이 대학, 직업에 대해 생각하고 결정하는 것을 도와주는 교육인 것은 맞지만 이것은 학생들이 자기 능력과 관심사를 파악하고, 그들의 장래에 대해 적극적으로 계획을 세울 수 있도록 도와야 한다.

　학생들이 자신의 진로에 대해 생각해볼 수 있도록 가장 먼저 해야 할 것이 자신에 대한 이해이다. 이를 위해 다양한 진로 관련 검사들이 무료로 제공되고 있다. 대표적인 것이 커리어넷(https://www.career.

go.kr/)이다. 커리어넷은 한국직업능력개발원에서 운영하고, 교육부에서 지원하는 진로 진학 정보 홈페이지이다. 커리어넷에서는 직업정보, 학과정보를 통틀어 진로와 진학에 관련된 정보를 얻을 수 있다. 특히 커리어넷의 진로 심리검사에서 초등학생부터 중학생, 고등학생, 대학생과 일반의 심리검사가 가능하고 학부모와 교사를 위한 서비스도 제공한다.

[그림 2-28] 커리어넷 진로심리검사

초등학생의 경우에는 주니어 커리어넷(https://www.career.go.kr/jr/)이라는 별도의 사이트가 서비스되고 있다. 어린 학생들의 눈높이에 맞는 그래픽과 흥미 탐색, 진로활동, 직업정보, 진로 고민 해결 서비스를 제공하고 있다. 주니어 커리어넷의 흥미 탐색 메뉴에서 고학년 진로 흥미 탐색 검사를 해 보았다. 초등학교 고학년을 대상으로 어떤 분야에 대해 흥미를 느끼고 있는지 검사하고 결과를 제공한다. 회원가입을 하지 않고 비회원으로 바로 검사할 수 있어 초등학생도 부담 없이 진로 검사하기를 원할 때 사용할 수 있다. 회원가입을 하면 검사를 재확인하거나 누적 관리가 가능하다.

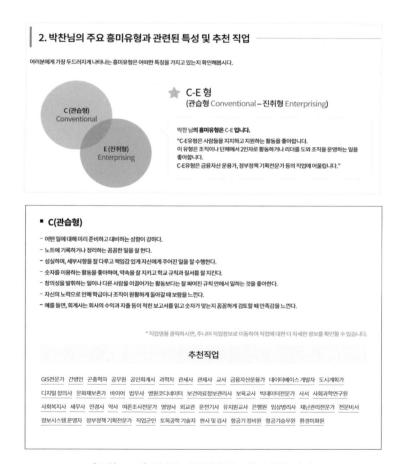

[그림 2-29] 주니어 커리어넷 진로 흥미 탐색 결과

진로 흥미검사를 하고 결과가 나왔는데 실제로 초등학생이 쉽게 이해하기 어려운 내용도 있고, 앞으로 무엇을 어떻게 하면 좋을지 구체적인 도움을 받기는 어렵다. 대부분의 진로 검사를 통해 얻을 수 있는 정보가 많지 않거나 적합하지 않기 때문에 추가로 진로 상담을 받아야 한다. 그러나 우리 주변에 전문 진로 상담 교사를 내가 원할 때 편하게 만나서 도움을 받는 것이 현실적으로 매우 제한된다.

2. 챗GPT에 진로 상담하기

1) 초등학생

진로 상담을 받기 위해 자신이 어떤 사람인지에 대해 잘 파악하고 상담을 요청해야 한다. 학생이 좋아하는 것, 잘하는 것, 하고 싶은 것들을 알아야 하는데 초등학생이 이해할 수 있는 용어로 질문하고 대답해보면서 자신에 대해 이해하도록 한다.

관심사	손으로 조립하거나 만드는 활동을 좋아하는가? 책을 읽는 것을 좋아하는가? 새로운 것을 상상하는 것을 좋아하는가? 가장 좋아하는 과목은 무엇인가? 수학 문제를 푸는 것을 좋아하는가? 사람들 앞에서 발표하거나 이야기하는 것을 좋아하는가? 노래, 춤추기, 연주, 그리기 등 예술 활동하는 것을 좋아하는가?
성향, 성격	규칙적이고 정해진 것을 따르는 것을 좋아하는가? 자유로운 것을 좋아하는가? 계획을 세워서 실천하는 것을 좋아하는가? 상황에 따라 행동하는 것을 좋아하는가?

	방이나 책상, 가방 등을 정리하는 것을 좋아하는가? 생활을 기록하거나 공부한 것을 정리하는 것을 좋아하는가?
사회성	친구의 이야기를 들어주는 것을 좋아하는가? 내가 이야기하는 것을 좋아하는가? 친구의 의견을 따르는 편인가? 내가 중요한 결정을 하고 친구들을 이끄는 편인가? 다른 사람에 대해 관심이 있어 다른 사람에 대해 알고 싶어 하는가? 친구의 어려움을 잘 이해하고 위로해주는 것을 잘하는가? 나는 운동이나 게임 등을 할 때 경쟁해서 이기고 싶은 마음이 강한가?

챗GPT에 자신의 흥미와 좋아하는 것, 특징을 말하면서 진로에 대한
안내를 받을 수 있다. 먼저 나에게 어울리는 직업을 질문해보았다.

나는 어떤 일에 대해 미리 준비하고 대비하는 성향이 강하고 성실하며,
세부 사항을 잘 다루고 책임감 있게 자신에게 주어진 일을 잘 수행한다.
숫자를 이용하는 활동을 좋아하며, 약속을 잘 지키고 학교 규칙과 질서를 잘 지킨다.
자신의 노력으로 인해 학급이나 조직이 원활하게 돌아갈 때 보람을 느낀다.
이런 성향의 사람에게 추천할 직업은?
I have a strong tendency to prepare and prepare for something in advance,
and I am sincere and good at handling details and performing what I am
given with responsibility. I like activities that use numbers, keep promises
well,
and keep school rules and order well. It is rewarding when the class or
organization works smoothly due to one's efforts.
What job would you recommend to someone with this tendency?

기술한 특성과 선호도에 따라 귀하에게 잘 맞는 직업이 몇 가지 있습니다. 다음은 몇 가지 예입니다.

회계사: 숫자로 작업하는 것을 좋아하고 세부 지향적인 사람으로서 회계 분야에서 경력을 쌓을 수 있습니다. 회계사는 재무 기록을 유지하고 기업 및 조직이 세법 및 규정을 준수하는지 확인할 책임이 있습니다.

데이터 분석가: 숫자 작업에 대한 선호도를 고려할 때, 데이터 분석 분야의 경력이 적합할 수 있습니다. 데이터 분석가는 대규모 데이터 세트를 분석하여 패턴과 추세를 식별하

고 조직이 데이터 기반 의사 결정을 내리는 데 도움을 주는 일을 담당합니다.

품질 관리 전문가: 일이 순조롭게 진행되도록 보장한다면 품질 관리 분야의 경력에 적합할 수 있습니다. 품질 관리 전문가는 품질 관리 절차를 개발하고 구현하여 제품과 서비스가 일정 수준의 품질을 충족하도록 할 책임이 있습니다.

프로젝트 관리자: 준비하고 계획하는 경향이 강합니다. 일이 순조롭게 진행되는 것을 보는 보상이 있다면 프로젝트 관리자로서의 경력이 적합할 수 있습니다. 프로젝트 관리자는 프로젝트를 처음부터 끝까지 감독하여 예산 범위 내에서 원하는 품질 기준에 따라 제시간에 완료되도록 할 책임이 있습니다.

이는 몇 가지에 불과합니다. 귀하의 성격과 작업 스타일에 잘 맞는 직업의 예. 관심 있는 경력을 조사하고 해당 분야의 전문가와 대화하여 일상 업무와 업무 요구 사항을 더 잘 이해하는 것이 좋습니다.

나는 초등학생입니다. 데이터 분석가가 되기 위해 어떤 준비를 하면 좋을까요?
I am an elementary school student. How should I prepare to become a data analyst?

어린 나이에 데이터 분석에 관심이 있다니 정말 반가운 소식이네요! 데이터 분석가로서의 커리어를 준비하기에는 너무 이르지만, 미래에 도움이 될 기술과 지식의 기초를 쌓기 위해 할 수 있는 몇 가지 방법이 있습니다. 다음은 몇 가지 아이디어입니다:

수학 능력을 개발하세요: 데이터 분석에는 통계 및 대수학과 같은 많은 수학적 개념이 포함됩니다. 수학 수업에 집중하고, 필요한 경우 선생님께 추가 도움을 요청하고, 한가한 시간에 수학 문제를 연습하세요.
코딩을 배우세요: 데이터 분석가는 Python이나 R과 같은 프로그래밍 언어에 능숙해야 합니다. 스크래치, Code.org, Khan Academy와 같은 온라인 튜토리얼과 게임을 통해 코딩을 배울 수 있습니다.

호기심 갖기: 주변 세상에 대해 질문하고 호기심을 갖기 시작하세요. 어떤 종류의 정보를 알고 싶으신가요? 어떤 패턴이 눈에 띄나요? 호기심 많은 사고방식을 키우면 비판적으로 사고하고 분석할 흥미로운 데이터를 식별하는 데 도움이 됩니다.

데이터 분석 연습하기: 정보를 수집하고 표나 차트로 정리하여 데이터 분석 연습을 시작할 수 있습니다. 예를 들어 급우들에게 좋아하는 음식이나 취미에 대해 설문조사를 하고 차트를 만들어 결과를 표시할 수 있습니다.

데이터 분석에 관한 책과 기사를 읽습니다: 데이터 분석에 관한 책이나 기사를 읽으면서 데이터 분석에 대해 더 많이 배울 수 있습니다. 통계 및 데이터 시각화와 같은 개념을 소개하는 어린이를 위해 특별히 쓰인 책이 많이 있습니다.

가장 중요한 것은 호기심을 유지하고 계속 배우는 것입니다! 수학, 코딩, 분석 기술에 대한 탄탄한 기초를 쌓아두면 나중에 데이터 분석 분야에서 경력을 쌓을 준비가 잘 되어 있을 것입니다.

챗GPT가 추천해 준 직업이 회계사, 데이터 분석가, 품질 관리 전문가, 프로젝트 관리자이다. 그런데 내용을 보면 초등학생이 이해하기에 어려운 용어가 많다. 이럴 때는 자신이 초등학생이라는 것을 밝히고 질문하면 초등학생에게 적합한 용어로 답변한다. 챗GPT가 추천해 준 직업 중에서 관심 있는 직업에 대해 추가적인 질문을 하면서 상담을 이어간다. 데이터 분석가가 최근에 관심을 받는 직업이어서 데이터 분석가가 되기 위해 초등학생 수준에서 어떤 준비를 하면 좋을지 질문했다.

챗GPT의 답변이 초등학생임을 고려해서 학생의 생각에 대해 격려해주고 5가지 조언을 하였다. 수학 능력을 개발하고 코딩을 배워라, 주변 세상에 대해 호기심을 갖고 표나 차트로 정리하여 데이터 분석 연습을 해 보라, 그리고 데이터 분석에 관한 책과 기사를 읽을 것을 추천하였다. 이렇게 초등학생임을 고려하여 초등학생 단계에서 자기 적성과 관계되는 직업을 위해 할 수 있는 일들을 추천해 주었다. 챗GPT가 초등학생을 위한 친절한 상담교사 역할을 했다.

2) 중고등학생

　중고등학생에게는 자신의 진로에 대해 더욱 구체적인 안내가 필요한 시기이다. 따라서 더 상세하게 자신에 대해 이해할 수 있는 질문들이 필요하다. 신체·운동 능력, 손 조작 능력, 공간 지각력, 음악능력, 창의력, 언어능력, 수리·논리력, 자기 성찰 능력, 대인관계능력, 예술 시각 능력 등 다양한 영역에 관한 질문을 통해 자신에 대해 이해하도록 한다. 이렇게 다양한 영역에 대해 자기 스스로 질문을 던지면서 자신에 대해 이해한 것을 바탕으로 챗GPT와 진로 상담을 진행할 수 있다.

영역	질문
신체·운동 능력	몸의 균형을 잘 잡을 수 있는가? 순간적으로 빠르게 반응할 수 있는가? 몸을 유연하게 구부릴 수 있는가? 처음 배우는 동작을 잘 따라 하는가? 힘을 쓰는 운동을 잘하는가?
손 조작 능력	다양한 도구를 능숙하게 사용할 수 있는가? 복잡한 종이접기도 깔끔하게 완성할 수 있는가? 필요한 물건을 직접 만들어 쓸 수 있는가?
공간 지각력	전개도를 보고 입체도형을 떠올릴 수 있는가? 내가 사용한 물건의 원래 위치를 정확하게 기억할 수 있는가? 처음 가는 길도 지도를 보고 찾아갈 수 있는가? 입체도형을 보고 전개도를 떠올릴 수 있는가?
음악능력	노래를 잘 부르는가? 다양한 악기를 쉽게 배울 수 있는가? 연주를 듣고 사용된 악기와 음정을 구별할 수 있는가? 생각과 느낌을 음악으로 표현할 수 있는가? 음악을 듣거나 연주하는 것을 좋아하는가?

영역	질문
창의력	새롭고 특별한 아이디어를 내는 경우가 많은가? 짧은 시간 안에 많은 아이디어를 낼 수 있는가? 떠오른 아이디어를 구체적으로 표현할 수 있는가? 새로운 아이디어를 행동으로 옮겨 봤는가?
언어능력	나와 의견이 다른 사람을 잘 설득하는가? 문학작품을 즐겨 읽고 잘 공감하는가? 다른 사람이 하는 말의 핵심을 잘 파악하고 정리할 수 있는가? 책이나 기사를 읽을 때 모르는 단어가 거의 없는가? 내 생각을 글로 잘 표현할 수 있는가?
수리·논리력	까다롭고 복잡한 계산을 잘 할 수 있는가? 수학 문제를 잘 풀 수 있는가? 과학의 이론과 실험 결과를 잘 이해하는가? 문제가 생기면 원인을 파악하고 단계적으로 문제 해결을 할 수 있는가?
자기 성찰 능력	나의 장점에 대해 잘 알고 있는가? 내가 하는 일의 필요성을 알고 행동하는가? 목표를 정하면 대부분 달성하는가? 실패하더라도 극복할 자신이 있는가? 화가 나더라도 차분함을 유지하는 편인가? 규칙적인 생활을 좋아하는가?
대인관계능력	내 의견에 친구들이 많이 호응하고 지지해주는가? 다른 사람의 어려움을 들으면 마음이 아픈가? 여러 사람과 폭넓게 사귀는가? 몇 사람과 깊게 사귀는가? 처음 보는 사람과도 금방 편하게 이야기할 수 있는가?
예술 시각 능력	그림 그리는 것을 좋아하는가? 짧은 시간에 사물의 특징을 잘 나타내서 그릴 수 있는가? 나와 다른 사람에게 어울리는 패션을 연출할 수 있는가?

여러 영역 중 자신이 가장 자신 있게 대답할 수 있고 자기 적성과 일치하는 대답을 중심으로 챗GPT에 대학 진학과 관련된 질문을 던져 보았다.

> 나는 고등학생이다. 나는 공간 지각력이 뛰어나고 음악에 관심이 있어 노래 부르는
> 것을 좋아하고 기타 치는 것을 즐긴다.
> 나와 의견이 다른 사람을 잘 설득하는 편이고 내 생각을 잘 전달한다.
> 수학을 좋아해서 수학 문제 푸는 것을 좋아한다. 목표를 정하면 목표를 달성하기 위해
> 노력하는 편이다. 사람들과 좋은 관계를 맺으려고
> 노력하고 사람들과 함께 일하는 것을 좋아한다.
> 나는 어떤 직업을 가지면 좋을지 대학의 전공과 연관 지어 추천해줘.

다음은 당신의 관심과 강점에 따라 고려해볼 수 있는 몇 가지 잠재적인 전공 및 경력 경로입니다.

건축: 공간 인식이 강하면 건축이 훌륭한 직업이 될 수 있습니다. 당신에게 적합합니다. 건축가는 기능적이고 미학적으로 만족스러운 공간을 만들기 위해 기술 및 창의적 기술을 모두 사용하여 건물 및 기타 구조물을 설계합니다.

음악: 음악과 노래에 대한 열정을 감안할 때 음악 전공은 아주 적합합니다. 전문 음악가, 음악 교사로 경력을 쌓거나 음악 제작 또는 관리와 같은 역할로 음악 산업에서 일할 수도 있습니다.

마케팅: 설득하고 당신의 생각을 잘 전달하는 것은 마케팅 분야에서 가치가 있을 수 있습니다. 광고, 홍보 또는 시장 조사 분야에서 일하면서 기업이 제품 및 서비스를 홍보하도록 도울 수 있습니다.

수학: 수학 문제 해결을 즐긴다면 수학 전공이 될 수 있습니다. 훌륭한 선택입니다. 수학자, 통계학자 또는 데이터 분석가로 경력을 쌓을 수 있습니다.

심리학: 관계 구축 및 사람 이해에 관심이 있는 경우 심리학이 적합할 수 있습니다. 상담사, 치료사 또는 사회 복지사로 경력을 쌓을 수 있습니다.

교육: 사람들과 일하고 관계를 구축하는 것을 좋아한다면 교육 전공을 고려하는 것이 좋습니다. 교육 전공자는 교사가 되거나 교육 행정 또는 정책 분야에서 일할 수 있으며 교육의 미래를 형성하는 데 도움이 됩니다.

이들은 단지 몇 가지 예일 뿐이며 다른 많은 전공 또는 당신에게 잘 맞을 수 있는 직업을 위해 다양한 분야를 탐색하고, 관심 있는 분야의 과정을 수강하고, 인턴십 및 기타 기회를 통해 경험을 쌓아 미래 진로에 대한 정보에 입각한 결정을 내리는 데 도움이 되는 기회를 고려하십시오. 학업과 미래의 경력에 행운을 빕니다!

나의 관심과 강점을 기반으로 대학의 전공과 직업을 추천해 주었다. 공간 지각력이 뛰어나고, 음악적 재능과 능력, 타인에 대한 설득력과 의사소통 능력, 목표 지향성과 노력하는 습관, 그리고 대인 관계 구축 능력을 장점으로 파악하고 이를 바탕으로 건축, 음악, 마케팅, 수학, 심리학, 교육을 전공으로 추천해 주었다. 추천해 준 내용을 바탕으로 챗 GPT 상담교사에게 추가로 궁금한 것을 질문할 수 있다.

심리학을 전공해서 할 수 있는 직업을 질문했더니 연구원, 임상 심리사, 교육심리학자, 산업 및 조직 심리학자, 정신 건강 상담사, 뇌과학자 등을 추천해 주었다. 각각의 직업에서 하는 일과 어디에서 일할 수 있는지 답변을 했다.

심리학을 전공해서 과학적으로 인간의 행동과 인지를 파악하는 일을 하고 싶은데 그런 일을 하는 직업은 어떤 것이 있어?

심리학을 전공하여 인간의 행동과 인지를 과학적으로 파악하는 일을 하는 직업에는 다음과 같은 것들이 있을 수 있습니다.

연구원: 연구원으로서 심리학을 전공한 사람들은 심리학적 이론 및 방법을 사용하여 인간의 행동과 인지를 연구합니다. 이들은 대학, 정부 기관, 연구소, 의료 시설 등 다양한 분야에서 일할 수 있습니다.

임상 심리사: 임상 심리사는 인간 행동과 인지를 진단하고 치료하는 일을 담당합니다. 이들은 정신 건강 클리닉, 병원, 치료소 등에서 일할 수 있습니다.

교육/교육심리학자: 교육/교육심리학자는 교육 및 교육시스템에 관한 연구 및 개발을 수행합니다. 이들은 학교, 대학, 교육 단체 등에서 일할 수 있습니다.

산업 및 조직 심리학자: 산업 및 조직 심리학자는 기업과 조직에서 인간 행동과 인지에 관한 연구를 수행합니다. 이들은 인사 책임자, 경영자, 컨설턴트, 연구원 등으로 일할 수 있습니다.

정신 건강 상담사: 정신 건강 상담사는 환자와 상담을 통해 인간 행동 및 인지 문제를 해결하는 일을 합니다. 이들은 정신 건강 클리닉, 병원, 치료소 등에서 일할 수 있습니다.

뇌과학자: 뇌과학자는 인간 뇌와 인지에 관한 연구를 수행합니다. 이들은 대학, 연구소, 의료 시설 등에서 일할 수 있습니다.

이외에도 다양한 직업이 있을 수 있으며, 이 중에서도 자신의 관심과 역량에 맞는 분야를 찾아가시는 것이 좋습니다.

고등학생이 심리학과에 진학하기 위해 실제로 필요한 것으로 생활기록부에 어떤 내용이 기록되면 좋을지 질문해보았다. 우리나라에서 심리학과 진학을 위해 생활기록부에 5가지 영역으로 기록하면 좋을 내용을 추천하였다. 학교생활과 사회활동, 자기 계발 내용과 특별활동 내용, 진로 관련 내용에 어떤 내용이 기록되면 좋을지 자세하게 안내하였다.

한국에서 심리학과에 진학하기 위해 생활기록부에 어떤 내용이 기록되면 좋을까?

한국에서 심리학과 진학을 위해 생활기록부에 기록하는 내용은 다음과 같습니다.

학교생활 내용: 학교에서 수강한 교과목, 수강한 교육과정, 성적, 수상 경력 등이 포함됩니다. 또한, 학교에서 참가한 동아리나 학교행사 등도 기록할 수 있습니다.

사회활동 내용: 봉사활동, 인턴십, 아르바이트, 동아리 활동, 대외활동 등이 포함됩니다. 이러한 활동은 학생들이 다양한 경험을 쌓고 성취감을 느낄 수 있으므로, 대학교에서의 심리학 수업에서도 유용하게 활용될 수 있습니다.

자기 계발 내용: 책 읽기, 문화생활, 스포츠 등 자신을 발전시키기 위한 다양한 활동이 포함됩니다. 이러한 활동들은 심리학과에서 공부하는 내용과 연관성이 있을 수 있으므로, 대학 진학을 위해 생활기록부에 기록하는 것이 좋습니다.
특별활동 내용: 해외 체험, 과학, 예술 등의 분야에서의 수상 경력이나 참여 경력이 포함

됩니다. 이러한 활동들은 대학교에서의 경쟁력을 높일 수 있으므로, 생활기록부에 기록하는 것이 좋습니다.

진로 관련 내용: 대학 진학을 위해 진로 탐색 활동이나 대학 특강 참여, 직업체험 활동 등이 포함됩니다. 이러한 활동들은 심리학 전공을 선택한 학생들이 진로에 대한 더욱 명확한 방향성을 제시할 수 있도록 도움을 줄 수 있습니다.

학생이 자기 진로에 대해 궁금한 내용을 언제든지, 어떤 내용이든지 챗GPT와 상담하면서 실제적인 도움을 받을 수 있다. 챗GPT가 학생의 친구와 선배, 교사의 역할을 하면서 진로에 대해 고민하고 진로를 탐색하는 데 유용하게 사용될 수 있다.

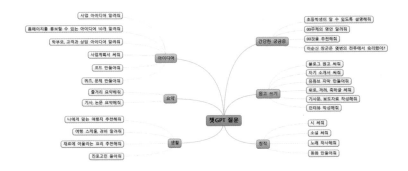

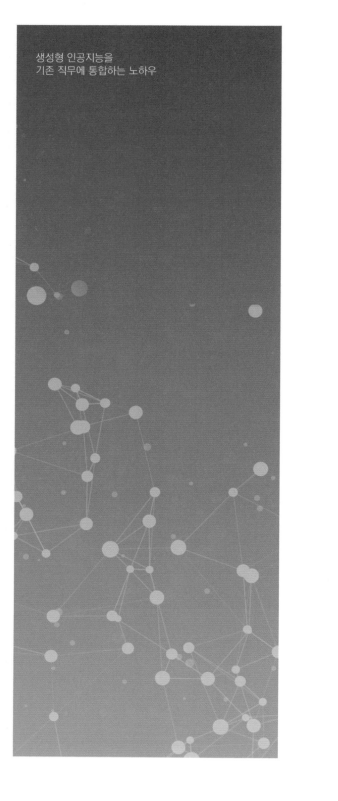

생성형 인공지능을
기존 직무에 통합하는 노하우

인공지능 활용
STEM
프로젝트 교육

미래를 대비하는
인공지능 활용 프로젝트 교육

　미래학자들은 미래를 대비하는 최고의 전략은 교육혁신이라고 말한다. 챗GPT를 범용적으로 활용할 수 있게 된 지금 수업 현장에서 좋은 교수학습법을 적용하고, 문제를 발견하고 제시하며 유용한 디지털 도구로 챗GPT를 활용할 수 있도록 하는 것은 교수자들의 역량에 달렸다. 초거대 생성형 인공지능의 시대에 최고의 인재는 특정 영역에 국한된 고급 지식을 가진 인지 노동자가 아니다. 미래인재는 다학제간 융합을 지향해야 하며, 사회 문제를 스스로 찾고 과학기술을 활용한 해결 방안을 모색할 수 있어야 한다. 현재 인문계열뿐 아니라, 공과대학 정규 수업도 학생들이 직접 문제를 발견하고 해결하는 프로젝트 학습이 많이 이루어지고 있다. 그리고 프로젝트 수업에 챗GPT가 많이 활용되고 있다. 수업의 대상도 심화된 전공 지식을 갖춘 졸업생뿐 아니라 신입생까지 넓어지며 점차 프로젝트 수업 형태는 보편화되어 왔다. 캡스톤 디자인, 창의적 종합설계, 창의연구, 창의적 시제품 구현 등의 다양한 명칭으로 프로젝트 수업이 개설되고, 운영되고 있다.

　프로젝트 수업은 가치 있는 주제 선정을 위한 문제 발견 활동으로 시작된다. 수업에서 교수자 또는 학생이 발견한 문제는 현실적으로 해결 가치가 있는 문제인지, 주어진 제약 조건 안에서 해결할 수 있는 문제인지 평가하며 문제를 정의하는 과정을 거친다. 학생들에게는 이런 프로젝트 수업이 실생활의 문제 발견과 해결 경험을 축적하여 관련 지식과 문제 해결 전략을 습득하는 기회가 된다. 또한 학생들이 프로젝트 과정에서 얻은 성취감과 만족감은 이후에도 문제 발견 및 해결을 지속하려는 개인의 강력한 내적 동기로 작용하게 된다.[7]

　Polanyi[8]는 문제를 발견하는 것은 개인의 지식에 명확함을 더하는 것이라고 설명하였다. 문제를 발견하고 해결한 경험은 지속적으로 흥미로운 문제 발견 행동을 끌어내어 개인의 창의성을 강화한다.[9] 시대의 변화로 공학자에게도 인문 사회적 문제 발견과 해결 능력이 필요하게 되었다. 또한 첨단 기술의 발전과 STEM의 확산으로 해결할 가치가 있는 융합적 문제 발견의 가치가 커지고 있다. 챗GPT처럼 인공지능과 기술의 발달로 문제를 더 손쉽게 해결할 수 있는 하드웨어와 소프트웨어가 개발되었다. 이런 기술과 정보를 융합하여 무엇을 해결할 것인가

7 Markham, T., Larmer, J., & Ravitz, J. (2003). Project based learning handbook: a guide to standards-focused project based learning for middle and high school teacher (2nd ed.). Novato: Buck Institute for Education.

8 Polanyi, M. (2015). Personal knowledge: Towards a post-critical philosophy.Chicago: University of Chicago Press.

9 Getzels, J. W., & Csikszentmihalyi, M. (1976). The creative vision: A longitudinal study of problem finding in art. New York: Wiley.

를 떠올리는 것이 이 시대의 문제 발견이며, 어떻게 해결할 것인지 시뮬레이션하는 과정에서 기존에 활용할 수 있는 인공지능 기술이 오픈소스로 공유되고 있다. 생성형 인공지능의 시대에 인공지능을 활용하여 어떤 문제를 발견하고 또 해결하도록 교육할 것인가가 우리 교육에 던져진 문제이다. 사실 이러한 교육이 가능할지부터 의문점이 생기는 이유는 지식을 습득하고 활용하는 방식 자체를 변화시키는 기술이 바로 생성형 인공지능 챗GPT이기 때문이다.

지식을 습득하고
활용하는 방식의 변화

　이러한 때에 과거로부터 현재까지 우리나라 교육시스템을 생각해보면 그동안 추격형 혁신체제 속에서 특유의 높은 교육열을 기반으로 가파른 사교육 시장의 양적 성장을 보여 왔다. 최근 드라마 '일타 스캔들'을 보면 주인공 최치열 강사에게 1조 원의 남자라는 수식어가 붙는다. 이렇게 대치동 1타 시장은 주요 과목별 수백억 원의 연봉을 받는 1타 강사들을 쉽게 찾아볼 수 있다. 이들은 대치동 현장 강의(현강)뿐만 아니라 인터넷 강의(인강)에서 전국 아니 전 세계의 학생들을 대상으로 강의하고 있다. 사실 이렇게 1타 강의를 들으며 교과서에 수록된 지식의 습득에 목을 매게 된 이유는 절대 변하지 않는 대학입시제도 때문이다.

　1990년대 초반까지는 선진국의 지식과 기술을 빠르게 배우고 익혀야 한다는 확실한 학습 목표가 있었다. 따라서 새로운 문제를 정립하고 새로운 방법으로 해결할 수 있는 창의적 생각보다는 얼마나 빨리 새로운 정보와 지식을 정확히 흡수했는가가 개인의 능력이고 역량이었다. 2000년대부터 창의적 사고와 인재 양성이 교육혁신의 핵심 화두로 등장했지만, 대입 정책이 바뀌지 않는 탓에 모두가 추구하는 인재상에는 변함이 없었다.

최근 챗GPT의 등장으로 교육시스템의 한계는 더 빠르게 바닥을 드러낼 전망이다. 이렇게 급변하는 사회에 능동적으로 대처해 갈 수 있는 창의적 문제 발견과 해결 능력 함양이 교육에서 중요하게 대두되고 있다. 인공지능이라는 첨단 기술의 기반 위에 위용을 드러낸 제4차 산업혁명의 시대는 생활 속의 문제 발견과 해결을 경험한 모두가 개인의 특정한 지식을 기반으로, 문제를 발견하여 창작자 및 공감자로 거듭날 수 있도록 지원하는 교육혁신을 요구한다.[10]

이에 프로젝트 기반 학습과 같이 학생, 문제의 발견과 해결 학습은 생성형 인공지능의 시대를 맞아 그 중요성이 더 커지게 될 것이며, 학생들은 생성형 인공지능을 통해 지식을 습득하고 자신의 생각과 비교하며 토론도 가능하게 될 것이다. 결국 생성형 인공지능의 시대는 학습자 중심 교육으로 방향을 선회하게 우리는 이끌고 있다.

1. 학습자 중심 교육

경험주의를 강조한 Dewey[11]는 학생들이 개인의 지식을 발전시키기

---

10 Pink, D. H. (2006). A Whole New Mind: Why Right-Brainers Will Rule the Future. New York: Penguin.

위해 가설을 시험하고 문제를 더 비판적으로 탐구할 기회를 제공하는 것이 교육에서 필요함을 시사했다. Piaget[12]는 지식은 개인에 의해서 적극적이고 능동적으로 구성되는 것이라고 주장하며, 학습에서 지식은 개인 중심의 지식 구조화라는 점을 강조하였다. 이러한 듀이와 피아제에 의해서 제창된 인지적 구성주의는 개인이 스스로 지식을 구성하며 성장한다는 학습자 중심 교육의 철학적 토대를 형성하고 있다.[13] 문제를 발견하고 해결하기 위해서 개인이 지식을 구조화할 때 지식의 연결을 창의적으로 만드는 것은 결국 개인이다. 인지적 구성주의에서 새로운 지식은 항상 개인의 이전 지식을 기반으로 출현한다.[14]

개인적 지식 형성의 시작은 학습자가 자신의 주된 관심사에 의해 설계될 때 발전할 가능성이 매우 높다.[15] 본래 학생들은 교수자가 제공하는 문제를 해결하는 수동적인 성향보다는 불분명하고 정의되지 않은 비구조화된 상황에서 문제를 발견하고 해결하는 능동적인 학습자가 되고 싶어 하는 본능적인 성향을 가지고 있다. 이러한 인간의 본능적인 성향 때문에 인류는 발전해 왔고, 유발 하라리의 말처럼 인류는 끊임없

---

11 Dewey, J. (1916). Democracy and education: An introduction to the philosophy of education. macmillan.

12 Piaget, J. (1954). Language and thought from a genetic perspective. Acta Psychologica, 10, 51-60.

13 Jonassen, D. H., Myers, J. M., & McKillop, A. M. (1996). From constructivism to constructionism: Learning with hypermedia/multimedia rather than from it. InB. G. Wilson (Ed.), Constructivist learning environments: Case studies in instructional design. Englewood Cliffs : Educational Technology Publications.

14 Jonassen, D. H. (1991). Objectivism versus constructivism: Do we need a new philosophical paradigm? Educational Technology Research and Development, 39(3), 5–14.

15 Jonassen, D. H. (2000). Toward a design theory of problem solving. Educational technology research and development, 48(4), 63-85.

이 지식을 생산하고 발전하는 작업을 거듭하고 있는 것이다.

하지만 이전까지의 학습 환경은 학생들이 능동적으로 문제를 발견하고 해결할 기회를 제공하지 않는 교사 주도적인 면모가 강했다. 사회에서 필요한 지식 근로자를 단시간에 효율적으로 양산하기 위해서는 교사 중심의 학습 환경이 학습 내용을 구성하고 성취도를 높이기에 효율적이었다. 교사들은 학생들에게 필요한 지식을 구조화하여 제시하고, 학생들의 지식 습득과 활용 여부를 중심으로 학습 성취도를 평가하는 것이 교육이라고 여겨 왔다.[16]

시대의 변화로 미국에서 시작된 STEM 교육의 확산은 융합적 지식을 구성하고 발전시키는 주체가 개인이라는 전제하에 인지적 구성주의를 기반으로 학습자 중심 교육을 지향하게 되었다.[17] 학습자 중심의 교육은 특정 지식을 학습해서 평가받는 방식이 아니라 개인의 융합적 지식의 형성을 지향하는 과정 중심의 교육이다. 따라서 미국의 주요 지역에서는 학생들에게 능동적으로 문제를 발견하고 해결할 기회를 제공한다. 또한 루브릭과 같은 수행평가 방법을 일반화하여 적용하면서, 학습자나 교수자들의 평가에 대한 부담도 완화되도록 진화하고 있다.[18] 더구나 STEM의 확산으로 교육에 첨단 테크놀로지를 활용하여

16 Jonassen, D., & Land, S. (Eds.). (2012). Theoretical foundations of learning environments. London: Routledge.

17 Sousa, D. A., & Pilecki, T. (2018). From STEM to STEAM: Using brain-compatible strategies to integrate the arts. (2nd ed.).

18 Murmann, J. P. (2003). Knowledge and competitive advantage: The coevolution of firms, technology, and national institutions. London: Cambridge University Press.

학습자의 행동, 태도, 활동 등을 분석하는 다양한 학습 평가 방식의 개발이 교육혁신을 위한 논의에 포함되어 있다.[19]

학습자 중심의 교육에서 학습자는 스스로 탐구, 분석하며 지식을 구성한다. 학습자들은 개인적 지식을 성장시키고, 스스로 평가하며 정교화하고, 교수자는 비구조화된 학습 환경을 제공하고, 그 안에서 학습의 목표를 학습자 스스로 정하고 목표가 지속적으로 추가될 수 있도록 스캐폴딩하는 역할을 한다.[20] 이러한 학습자 중심 학습은 학습자의 개인적 지식을 확장하고, 개인의 내적인 동기를 지속시키며, 학습자를 미래 지향적이고 창의적인 지식의 생산자로 성장할 수 있게 유도한다.[17]

2. 프로젝트 학습

프로젝트 학습이 복잡한 실생활의 문제 해결에 도전하기 때문에 학교에서 배우는 지식과 동떨어져 있지만, 지속적으로 개인 지식 확장을 유도하는 단초를 제공하는 효과가 있다.[21]

프로젝트 학습은 비구조화된 상황에서 해결할 가치가 있는 문제를 발견하여 탐구 주제를 결정한다.[21] 학생들은 발견된 문제에 적합한 정

19 Raes, A., Schellens, T., De Wever, B., & Vanderhoven, E. (2012). Scaffolding information problem solving in web-based collaborative inquiry learning. Computers & Education, 59(1), 82–94.

20 Jonassen, D. H. (1999). Designing constructivist learning environments. Instructional design theories and models: A new paradigm of instructional theory, 2, 215-239.

21 Akgun, O. E. (2013). Technology in STEM project-based learning. In STEM Project-Based Learning. The Netherlands: Sense Publishers.

보를 찾아 해결하고, 문제 해결 결과를 효율적으로 공유하는 전 과정에서 학습자 중심으로 학습하게 된다. 프로젝트 학습은 대체로 그룹 활동으로 진행되는데, 참여자들은 협업을 통하여 정보를 공유하고, 이해하고, 토론하고, 문제 발견과 해결에 활용하며, 개인적 지식을 성장하는 기회를 얻게 된다.[22] 프로젝트 학습의 전개 과정은 (표 3-1)과 같이 프로젝트 학습의 공통적인 전개 과정에 대한 준비, 주제 선정, 프로젝트 계획, 정보 탐색, 과제 해결, 결과물 개발, 발표, 평가하기 단계로 진행된다.

<표 3-1> 프로젝트 학습(Project-Based Learning; PBL)의 절차

핵심 단계	활동 요소	세부 내용
준비하기	수행 준비	오리엔테이션 가이드라인
주제 선정	주제 설정	주제 결정
	주제 설계	소주제 작성, 관련 자원 수집, 논의, 가이드 라인 검토
프로젝트 계획	탐구 설계	활동 계획, 자원 목록 결정, 목표 설정
	수행 일정 계획	일정 및 절차 계획, 역할 분담, 역할 분담, 피드백 교환
정보 탐색	정보 탐색	개별 과제 수행, 지식탐색
과제 해결	과제 해결안 작성	자료 분석 및 결론 도출
결과물 개발	결과물 개발	협력적 보고서 작성
발표	발표 및 논의	발표 및 토론, 피드백 받기
평가	평가	성찰, 평가

3. 캡스톤 디자인

캡스톤 디자인은 대학에서 주로 활용하는 대표적인 프로젝트 학습 교과목이다. 캡스톤(Capstone)이란 건축에서 벽이나 건축물의 맨 상부에 얹힌, 가장 정점에 놓이는 장식이나 상징처럼 절정의 마무리를 이루는 갓돌을 의미한다. Dunlap은 캡스톤 디자인이 지식의 획득 방식에 맞추어 학문 주요 쟁점에 대해 질문하는 방법을 가르치고, 전공 지식 간 연관성에 대해 흥미를 촉진하는 과목이라고 하였다.[22]

데이비스 Davis[23]는 캡스톤 디자인은 팀 구성원 각자의 전공에서 얻은 지식을 확장하고 상호 간에 비판하며 응용하는 방식으로 진행된다고 하였다. 팀에서 정한 구체적인 연구 문제를 해결하는 경험을 통해 학문적인 절정감을 맛보고, 깊은 이해를 기반으로 최종적인 숙련의 경험을 지향한다. 이는 또 다른 학문적인 도전으로 이어진다. 대학생들은 전공 지식을 활용하며 문제를 해결하는 학습을 통해서 지식에 대한 깊은 이해에 도달하게 된다. 해당 영역에 대한 흥미는 상승하고, 이후 전공 지식을 심화하여 지속적으로 문제 해결에 도전하면서 전문가로 성장할 수 있는 계기가 된다. 결국 캡스톤 디자인 수업의 목표는 궁극적으로 개인의 내적 지식을 성장시켜 전문성을 확보할 수 있는 단계로 성장하는 계기와 동기를 마련하는 것이다.[24]

---

22 Dunlap, J. C. (2005). Problem-based learning and self-efficacy: How a capstone course prepares students for a profession. Educational Technology Research and Development, 53(1), 65-83.

23 Davis, G. A. (2004). Creativity is forever. Kendall: Hunt Publishing Company.

캡스톤 디자인의 최대 장점은 창의성을 기르고 발휘할 수 있다는 것이다. 자신이 직접 문제를 발견하고 해결하는 과정을 경험하는 것뿐 아니라, 다른 학생들이 발견한 문제와 해결 방안을 공유하면서 창의성을 기를 수 있다.[25] 또한 개인이 발전시킨 창의적 결과물은 그 가치를 인정받아 특허, 창업으로 이어지는 부가가치를 창출할 기회가 된다. 공과대학에서 동일 전공 학생을 대상으로 진행되는 캡스톤 디자인은 전문 지식을 활용한 기술 개발을 지향하며, 특허 출원이나 기술 창업을 지원하는 연계 프로젝트가 제공되고 있다. 또한 사회과학대학, 경영대학, 인문대학, 예술대학 등에서도 캡스톤 디자인 수업을 개설하여, 각 전공 지식을 응용하여 사회 문제를 해결할 수 있는 캡스톤 디자인을 적용하고 있다.

4. STEM 캡스톤 디자인

STEM의 확산과 더불어 융합적 지식에 대한 중요성이 강조되기 시작했다. STEM 캡스톤 디자인은 학생들이 인간과 사회 안에서 해결 가치가 있는 문제를 발견하고 융합적 문제 해결을 수행하는 프로젝트 학습 교과목으로 정의할 수 있다.[25] 교수자와 학생들은 캡스톤 디자인을 통해서 기업이나 대회에서 제공하는 문제를 해결할 기회가 주어진다.

Moore[26]는 캡스톤 디자인을 학생들이 전공을 심화하는 과정에서

24 조준동 (2015). 창의 융합 프로젝트 아이디어 북, 서울: 한빛아카데미.

25 김은경 (2013). 창의적 공학설계, 서울: 한빛아카데미

26 Moore, R. (2006). Taking action: Assessing the impact of preservice teaching on learning. Action in Teacher Education, 28(3), 53-60.

여타 과목의 지식과 함께 연계하도록 유도하는 과목이라 정의하며, 캡스톤 디자인에서 다학제간 융합을 강조한 바 있다. 다학제간 융합 상황에서 학생들은 해결 방법을 시뮬레이션하는 과정에서 각자의 전공 지식을 활용하여 문제 해결 방안을 구현한 시제품을 제작하며 보고서를 제출하는 것으로 STEM 캡스톤 디자인은 마무리된다.

STEM 캡스톤 디자인과 일반 캡스톤 디자인의 차이점은 궁극적으로 지향하는 프로젝트 학습의 목표가 다르다는 점이다. 일반 캡스톤 디자인은 전공 지식의 심화 확장이라는 학습 목표를 가지고 관련 문제 해결을 통한 개인적인 전공 지식의 확장과 전문성 개발을 목표로 하고 있다. STEM 캡스톤 디자인은 사회나 산업 현장 수요에 적합한 제품을 창의적으로 설계하여 보급하는 능력을 키우는 것을 목표로 한다. 산출된 제품은 연구자가 발견한 문제를 해결하는 방안을 담고 있다. 다학제간 지식과 기술 융합을 통해 직접적으로 사회와 소통하며 문제 발견하는 능력이 강조하고 있는 셈이다.[25]

또한 문제 발견의 범위와 대상에 차이가 있다. 캡스톤 디자인이 특정 공학 계열 학과 및 특정적 기술 수요를 중심으로 문제 발견을 한다면, STEM 캡스톤 디자인은 2012년부터 다학제간 융합을 통해서 학문 간 다양성 안에서 연결성을 강화하며, 발견 한 문제의 범용적 수요를 파악하는 것도 포함되어 있다. STEM 캡스톤 디자인은 인문 사회적인 문제에 대한 수요를 파악해서, 이를 ICT 기술을 적용해 해결할 수도 있다. 따라서 STEM 캡스톤 디자인을 ICT 기술을 활용해 인간에게 편의성과 만족, 행복을 줄 수 있는 신제품을 개발하는 설계 과목이라고 설명한다.[25] 따라서 챗GPT는 ICT 기술의 하나가 될 수 있고, 문제를 발견하고 해결하는 전 과정에 활용될 수 있을 것이다. 또한 이러한 프로젝트 과정을 통해서 학습자는 개인적 지식을 형성하게 된다.

영역 특수적 지식

1. 개인적 지식

　지식은 정당화된 참된 신념(justified true belief)을 말한다. 지식에 대한 관점은 인식론의 발달과 함께 변해왔다. 지식에 대해 Bruner[27]는 앎과 지식(Knowing & Knowledge)에 대한 패러다임적 방식과 내러티브 방식을 구별하고 있다. 패러다임적 지식은 논리적, 과학적인 양식을 특징으로 한다. 정보화 사회에서 패러다임적 지식을 효율적으로 학습하고, 업무에 적용하는 지식 근로자의 가치 상승은 지난 수십 년간 패러다임적 지식을 갖춘 사람이 우월하다는 인식을 하게 했다. 반면 내러티브적인 지식은 이야기된 지식을 말한다. Bruner는 내러티브적인 지식이 서양 문화에서 매우 낮게 평가될지라도, 본래부터 패러다임적인 지식보다 수준이 낮은 것은 아니라고 주장하고 있다.

　한 예를 들어 우리가 이전에 배우던 과학 지식은 패러다임적인 지식

---

27 Bruner, J. (1997). A narrative model of self construction. Annals of the New York Academy of Sciences, 818(1), 145-161.

이다. 공식, 원리를 중심으로 암기하고 문제 풀이에 적용했다. 하지만 인공지능에 프롬프트를 입력할 때는 내러티브적인 지식이 필요하다. 내러티브적인 지식은 과학실험, 공학 실험, 프로젝트의 실행과 같은 과학적인 경험의 과정에서 체득(personalization)된 과정적인 지식이다. 그들이 과학적인 작업을 할 때 과학적인 논쟁, 실행, 실험, 데이터 분석, 그리고 예상을 위해 모델을 사용하는 구성을 포함하여 과학자에 의해 지식과 기술을 얻고 실행되는 과정적인 지식을 교육하는 시대가 된 것이다.

더 구체적으로 설명하면 패러다임적 지식은 학문 분야로서의 핵심 아이디어 또는 과학적인 지식의 뼈대가 되는 내용이다. 이러한 지식의 타입은 그것은 사실, 정의 그리고 "물질은 원자라는 미세입자로 구성되어 있고, 원자는 작은 구성 요소들로 조직되어 있다"라는 포퓰러들의 거대한 양을 포함하는 과학적인 정보 지식이다. 지금까지 지식을 기억하고 지필로 기억하는지를 평가하는 학교 학습의 사이클에 고착되어 매우 중요한 지식으로 인식되었지만, 이러한 평가 중심 '교수설계'부터가 오늘날 지식혁신의 시대에 걸맞지 않다. 따라서 문제 발견을 통해 생산된 지식을 내러티브적인 지식의 관점의 지식으로 이해할 수 있다. 일반적으로 문제는 개인적 지식 안에서 발견되며, 개인적 지식을 평가 틀로 평가하는 과정을 거쳐 비로소 문제로 정의되기 때문이다. 이 문제를 발견하는 장소인 개인적 지식은 개인의 서술적 지식과 절차적인 지식으로 이루어져 있다.[28]

---

28 Polanyi, M. (2015). Personal knowledge: Towards a post-critical philosophy. Chicago: University of Chicago Press.

개인적 지식에서 서술적 지식은 역사적인 날, 수치적인 사실, 신념 등 변하지 않는 지식을 의미한다. 서술적 지식은 의미 단위로 습득되며 명시적인 지식을 구성한다. 서술적 지식을 어떤 특정 상황에 적용하여 보면, 새로운 산출물의 형태나 일반화, 특성화되는 상황까지 추론할 수 있으며, 개인이 습득한 지식의 오류가 없는 경우 동일한 추론이 가능하다. 따라서 서술적 지식을 적용, 분석, 평가하는 과정은 동시에 개인에게 절차적 지식을 습득하는 과정이 된다.[29]

절차적 지식은 서술적 지식의 조합으로, 특정 조건 및 유형을 인식하는 단위 구조를 이루며 스키마에 저장되어 있다.[30] 예를 들어, 수학 알고리즘, 읽기를 하는 전략 등이 절차적 지식에 해당한다. 절차적 지식은 서로 분리되어 있던 의미들이 하나의 맥락 속에서 의미를 갖게 된 지식의 단위 구조를 의미한다. 이렇게 서술적 지식과 절차적 지식을 명시적 지식이라고 하며, 명시적 지식은 언어로 설명할 수 있는 지식이다.[30]

Schunk는 명시적 지식의 하나로, 조건적 지식(conditional knowledge)을 설명하였는데, 교과서를 주의 깊게 보고 이야기하거나, 토론을 위해 필요한 근거자료를 분별해 내는 것이 조건적 지식이라고 하였다. 따라서 조건적 지식은 개인의 스키마 내부에 의미망이 진술이나, 템플릿으로 구성된 것이 아닌, 단편적으로 활용하는 지식이 된다. 때에 따라

29 Schunk, D. H. (2013). Learning Theories: Pearson New International Edition: An Educational Perspective. Upper Saddle River : Pearson Prentice Hall.

30 Reber, P. J., & Squire, L. R. (1994). Parallel brain systems for learning with and without awareness. Learning & Memory, 1(4), 217-229.

서는 의미망이나 템플릿으로 발전하지만, 대개 단기 기억 속에 저장되어 작동 기억을 돕다가 사라지는 지식이라고 할 수 있다.

2. 개인적 지식의 성장

Polanyi[29]는 모든 발견적인 행위의 이면에는 우주의 숨겨진 질서를 발견하려는 개인의 신념, 헌신, 책임감이 내재 되어있다고 주장했다. 이러한 개인의 노력은 개인적 지식을 확장하는 원동력이 된다. 개인은 흥미 있는 것에 주의를 기울이게 되고, 새로운 의미를 받아들이며, 때로는 문제를 발견하고 해결 방안을 추구하는 활동을 한다. 이러한 전 과정은 개인이 새로운 지식을 생성하고 또 습득하며 개인적 지식으로 통합하는 과정이 된다. Polanyi[29]는 새로운 지식이 형성되며 개인의 내적 지식과 통합되는 것을 자아 중심적 통합 작용(Self-Centered Integration)이라고 하였다. 개인은 지속적인 자아 중심적 통합 작용을 통해서 다양한 종류의 지식을 체득(Internalization)한다. 그리고 개인적 지식의 촘촘한 토대 위에는 새로운 연결이 생성되기도 한다. 이러한 개인적 지식의 생성 과정은 평생 지속되면서 더욱더 견고해질 수 있다.

사람에 따라 타고난 기질 및 개발된 성향 등에 따라서 개인적으로 더 선호하는 지식 성장 방법이 있다. Polanyi[29]는 지식을 확장하는 두 가지 부류에 대해 언급한 바 있는데, 한 부류는 직접 탐구의 과정을 통해서 반성적인 해답을 얻는 사람들이고, 다른 한 부류는 직접적인 탐구나 체험 없이 전통적으로 내려오는 학문 개념을 전달만 받거나, 학문 밖에서 규정하는 기능적인 측면에 대한 설명을 듣고 이해하기를 좋아하는 사람들이라고 하였다. 최근 사회적인 변화는 직접적인 체험 없이 개념을 전달받고 이해하는 교육에서 벗어나, 탐구의 과정에서 반성적인 해답을 얻을 것을 강조하고 있다.[31] 탐구의 과정에서 개인은 반성적으로 해답을 얻기 위해 무지와 문제 해결 가능성에 대한 불확실성을 지속적으로 경험하게 된다. 챗GPT의 시대에 개인은 프롬프트를 구성하고 생성형 인공지능을 활용하는 과정을 통해서 인지 갈등을 느끼고, 개인이 형성한 지식이나 개인이 발견한 질문에 대한 불확실성을 낮추게 되면서 개인적 지식은 더욱 견고해지며 비약적으로 성장하게 될 것이다.

3. 영역 특수적 지식과 프롬프트 엔지니어링

McElree[32]는 정보 처리 이론을 근거로 연결 네트워크에 개념의 교점으로 생산된 지식을 영역 특수적 지식(Domain Specific Knowledge)으로 명명한 바 있다. 지식의 연결 네트워크는 서술적 지식과 절차적 지식으로 구성된 개인의 신경 조직망 안에서 영역 특수적 지식을 구성하고 있다.[33] 과거 영역 특수적 지식은 본래 특수한 교과 영역에 포함되는 사실, 상징, 법칙, 정의, 개념, 규칙들을 의미하기도 했다. 따라서

---

31 장상호 (1995). 인격적 지식의 확장, 서울: 서울과학사.

32 McElree, B. (2006). Accessing recent events. Psychology of learning and motivation, 46, 155-200.

33 Collins, H. M. (1993). The structure of knowledge. Social research, 95-116.

특수한 교과 영역에 포함된 전문적 지식을 영역 특수적 지식이라고 칭하기도 했고, 해당 영역의 전문적 지식만으로도 관련 영역에서 해결할 문제도 풍부하게 발견될 수 있었다.

하지만 인공지능과 각종 소프트웨어는 특수한 교과 영역에서 공통의 공유된 지식을 빠른 속도로 습득하여, 분석하고 문제를 해결에 적용할 수 있는 기술의 진보가 있었다. 따라서 최근에는 개인의 고유한 경험의 구성을 통해 생성된 영역 특수적 지식이라는 의미로 더 많이 사용된다[34]. 특히 개인이 가진 영역 특수적 지식은 프롬프트를 상상하여 인공지능의 성능을 향상시킬 수 있고, 또 가장 잘 인공지능을 활용할 수 있는 자산이 될 수 있다. 그 이유는 개인이 오랜 시간을 들여서 주의를 기울인 영역, 문제 발견과 해결 경험이 풍부하여 생성된 절차적 지식이 촘촘하게 포진된 영역으로 개인 특유의 지식이 형성되어 있기 때문이다. 현재의 인공지능은 조밀한 연결 네트워크에서 교점으로 생성되는 지식으로 해당 지식에 대해 평가한 결과까지를 구조화하여 반환한다.

따라서 개인의 영역 특수적 지식이 끊임없이 새로운 연결망이 추가되고, 재배열 되고, 새로운 연결을 만들며 점차 견고해지듯이, 프롬프트도 엔지니어의 질문에 따라서 새로운 연결망이 추가되고, 재배열하며 학습하게 되면서 고도화된다. 따라서 개인의 영역 특수적 지식은 고정된 지식이 될 수 없고 개인에 의해 역동하는 지식의 구조 그 차제를

---

34 Jonassen, D. H., & Grabowski, B. L. (2012). Handbook of individual differences, learning, and instruction. London: Routledge.

의미하고 있다. 마찬가지로 프롬프트 엔지니어링은 단순한 지식의 확인을 목적으로 하는 것이 아니라, 인공지능의 역동적인 지식의 구조를 최적화시키는 연구 영역이 되는 것이다.

4. 영역 특수적 지식의 성장

지식의 연결 네트워크는 서술적 지식과 절차적 지식으로 구성된 개인의 신경 조직망 안에서 영역 특수적 지식으로 활성화되며, 새로운 구조나 연결망이 만들어지는 방식으로 지식이 추가되고 또 생성된다.[34] 따라서 개인의 영역 특수적 지식은 개인의 탐구 과정에서 발견된 새로운 구조나 연결망을 추가하며 성장한다. 개인은 평생에 걸쳐 자신의 주의 초점에 있는 정보를 받아들이게 되고, 지속적으로 영역 특수적 지식을 강화하게 된다.

개인의 영역 특수적 지식은 형성, 발전할 뿐만 아니라, 개인의 지식 밖에서 오는 모든 종류의 지식을 거르는 개인이 가진 해석의 틀로 작용한다. 따라서 외부에서 제공된 지적 자극은 개인의 영역 특수적 지식을 거쳐 재해석되어 체득된다. 이렇게 개인은 개인 자신에게 가치 있는 지식을 선별 평가하여 연결하는 특성이 있어, 개인의 소신, 책임감과 헌신 그리고 개인의 신념을 포함하여 지속적으로 영역 특수적 지식을 형성, 발전시키게 된다.[34]

고품질의 이미지를 생성하는 프롬프트 엔지니어라면 오랜 경험과

안목을 가진 디자이너가 유리하다. 경험이 많고 감각 있는 디자이너는 인공지능이 생성한 이미지의 미묘한 차이를 분별하고, 적합한 프롬프트를 추가하여 우수한 결과물을 산출한다. 코딩을 잘하는 엔지니어라고 하더라도 프롬프트의 가중치를 조절하여 색감 등을 최적화시키는 일에는 투입될 수 없다. 프롬프트 엔지니어링 영역에서는 개인 간 활성화되어 있는 스키마가 다르다는 점에 착안하여, 전문 영역을 확정할 수 있다. 최근 교육 혁신을 주장하는 사람들은 개인의 지식 확장과 관련하여 각 도메인이 고유한 시퀀스를 따르는 영역 특수적 지식의 개발에 더 가치를 부여하고 있다. 그 이유는 영역 특수적 지식의 성장이 개인의 노력이 수반되더라도 단기간에 형성되기 어렵고, 장기간 주의 초점에 있는 지식이 연결되고 정교화될 때 창의적 문제 발견이 가능하기 때문이다. 학습자는 자신에게 흥미 있는 문제를 발견하고 해결을 위한 지식을 능동적으로 습득하면서 개인의 영역 특수적 지식을 성장시키며 지식의 연결을 통해 새로운 문제를 발견하게 된다.[35]

---

35 Csikszentmihalyi, M. (1996). The creative personality. Psychology Today, 29 (4), 36-40.

창의적 문제 발견

1. 문제 발견

Jay와 Perkins(1997)는 문제를 발견하는 행위는 개인의 내적 지식의 토대 위에서 새롭고 깊은 의문을 제기하고 질문을 해결하기 위한 새로운 길을 모색하는 것을 포함한다고 하였다. 문제 발견은 문제 발견자의 재능, 사전 지식과 경험, 동기, 사고 능력 등이 복합적으로 작용하는 고도의 인지적 과정이다. 따라서 문제 발견 과정에서 개인은 다양한 지식과 정보를 능동적으로 탐색하면서 지식도 성장한다. 개인의 영역 특수적 지식에서 발견된 문제는 다시 개인의 지식을 기반으로 평가되고 정교화된다.[36] 인터넷의 발달로 개인은 자신이 발견한 지식과 유사한 발견이 존재하는지, 해결 방안으로 새로이 개발된 기술이 있는지를 인터넷 검색을 통해서 확인할 수 있다(김용규, 2014; Clarebout & Elen, 2006). 과거보다 더 빠르게 자신이 발견한 문제에 대한 사회적인 피드

---

36 Runco, M. A., & Chand, I. (2017). Cognition and Creativity, In M. A. Runco (Ed.), creativity and education (pp. 103-126). London: SAGE.

백을 받고, 또 새로운 지식을 습득할 수 있는 통로가 온라인에 마련되어 있는 셈이다.

Csikszentmihalyi[36]는 자신이 가장 많이 보유한 지식 영역을 탐색하는 것이 지식이 부족한 영역을 탐색하는 것보다 더 수월하다고 설명했다. 개인이 초기에 발견한 문제는 해결 방법을 시뮬레이션하지 않은 상태로 불편을 느낀 당시의 상황, 혹은 해결할 가치가 있다고 느낀 문제상황 자체일 수 있다. 이러한 개인의 스키마 안에서 발견한 문제상황은 결국 발견한 개인의 언어로만 설명이 가능해진다.

개인이 타인에게 자신이 발견한 문제를 설명할 수 있게 되면 비로소 개인이 발견한 문제로 공식화되고 공유될 수 있다. 공식화된 문제는 평가되는 과정을 거친다. Getzels[37]는 문제 발견이 문제에 대한 이해의 틀이 달라지면서 자신의 이해, 판단, 결정 등의 선택이 바뀌는 현상까지 포함한다고 한 이유가 바로 여기에 있다. 팀 프로젝트에서 개인의 문제가 공식화되고 공유되는 순간, 타인은 자신의 내적 지식을 활용하여 평가를 시작한다. 이렇게 문제가 발견된 이후 공식화되고 공유된 문제는 문제에 대한 깊은 이해와 평가, 문제에 포함된 지식과 그 해결 방안이 바뀌는 과정을 겪으며 점차 정교화된다. 따라서 문제 발견은 창조하려는 가치가 있는 바람직한 발견에서 끝나는 것이 아니라, 해결 가능한 방법을 찾고 개인이 최선이라고 판단할 때까지 지속적으로 평가되

---

37 Getzels, J. W. (1975). Problem finding and the inventiveness of solutions. Journal of Creative Behavior, 9(1), 12-18.

는 전 과정을 의미한다.[38]

2. 영역 특수적 지식 안에서의 문제 발견

Csikszentmihalyi[36]는 창의성이 영역 특수적 지식 안에서 최적 경험을 통해서 구성되며, 영역 특수적 지식의 도메인은 개인이 창의적으로 문제를 발견할 수 있도록 유도한다고 하였다. 개인은 최적 경험을 토대로 자신의 주의 초점에 있는 정보가 접근하기 효율적이라는 사실을 본능적으로 인지하고 있다는 것을 의미한다. 따라서 개인은 자신이 익숙한 상황, 경험이 많은 상황 안에서 이전과 유사한 최적 경험을 추구하기를 원한다.

McElree[33]는 지속적으로 한 개인이 주의를 기울인 영역의 경우, 해당 분야에 대한 더 많은 명시적, 암묵적 지식을 얻는다고 주장하며, 그 안에서의 지식의 구조, 연결망을 구성하는 것이 개인에게 가장 수월한 학습이라고 설명하였다.[39] 이러한 현상이 발생하는 이유는 개인 내적인 지식을 확장할 때 느끼는 수월성이 개인에게 더 많은 성취감을 제공하기 때문이다.[40] 따라서 개인은 내적인 지식과 연결된 문제, 자신에게

---

38 Getzels, J. W. (1982). The problem of the problem. In R. Hogarth (Ed.), New directions for methodology of social and behavioral science: Question framing and response consistency (No. 11). San Francisco: Jossey-Bass.

39 Jonassen, D. H., Beissner, K., & Yacci, M. (1993). Structural knowledge: Techniques for representing, conveying, and acquiring structural knowledge. London: Psychology Press.

40 Csikszentmihalyi, M. (1988a). Motivation and creativity: Toward a synthesis of structural and energistic approaches to cognition. New Ideas in Psychology, 6 (2), 177-181.

익숙한 문제를 선호하고, 이를 기반으로 지식을 확장하려는 특성을 보인다.[41] 따라서 개인의 영역 특수적 지식 안에서 발견한 새로운 지식의 연결망을 구성하여 문제를 발견하게 되면, 개인에게는 기존 지식을 활용한 가장 수월한 문제 해결이 가능하게 된다.

영역 특수적 지식 안에서의 문제 발견은 새로운 구조나 연결망의 발견이라고 할 수 있다. Gladwell[42]은 1만 시간의 법칙을 강조하면서 한 분야의 전문성, 영역 특수적 지식을 갖추는 데 필요한 시간적인 개념을 정의한 바 있다. 개인의 의식적 노력을 통해 특정 영역에 점점 더 많은 스키마가 형성되면, 진보된 개인적 지식이 외부의 가치 판단이나 감시, 도전 및 저항과의 갈등 양상도 발생된다. 하지만 영역 특수적 지식을 가진 개인은 이러한 저항과 갈등 속에서 문제 발견과 해결을 통해 개인적 지식을 점점 견고히 한다. 또 이러한 영역 특수적 지식에서 발견된 창의적 문제는 창의적 산출로 이어져 기존 사회 체제를 바꾸는 수준의 패러다임 전환의 계기가 되기도 한다.[43] 챗GPT를 개발한 샘 알트만처럼 파괴적 혁신의 주인공이 되는 것이다.

41 Csikszentmihalyi, M. (1988b). Society, culture, and person: A systems view of creativity. In R. Sternberg (Ed.), The nature of creativity: Contemporary psychological perspectives (pp. 325-339). Cambridge, England: Cambridge. University Press.

42 Gladwell, M. (2008). Outliers: The story of success. London: Hachette.

43 Anderson, J. R. (2010). Cognitive psychology and its implications 7E. New York : Worth publishers.

3. 문제 발견에서 지식의 연결

  문제 발견의 과정은 창의적인 성취가 가능한 새로운 지식의 연결을 발견하는 것으로 시작된다.[36] 창의적 문제 발견은 개인이나 집단에 의해 발견한 문제가 평가되는 과정에서 개인이 발견한 창의성이 외부적으로도 검증된 상태라고 볼 수 있다. 여기서 연구에서 창의적 문제 발견이란, '창의적으로' 문제를 발견하는 게 아니라 '창의적인' 문제를 발견하는 것이다. STEM 캡스톤 디자인과 같은 공학 프로젝트에서 창의성은 기능성 창의성과 잠재된 기능적 창의성, 그리고 미적 창의성의 세 가지로 정의하기도 한다.[44] 기능적 창의성은 특정 기능적 목적(특정 상황과의 관련성 및 효율성)에 좌우되고, 잠재된 기능적 창의성은 특별한 기능적 목적 없이 참신함을 갖는 제품을 의미한다. 이때의 참신함이란, 현재는 검증되지 않았더라도, 필요한 상황이 발생할 때 특정 기능을 할 수 있다는 의미로 이해할 수 있다. 마지막으로 미적 창조성은 기능적 목적이나 잠재된 기능이 없는 새로운 제품을 포함한다. 따라서 창의적 문제 발견이란 특정 기능적 목적, 잠재된 기능적 창의성, 심미성 중 하나가 검증된 문제의 발견이라고 할 수 있다.

  또한 발견한 문제에 대한 창의성의 검증은 문제가 발견된 개인의 영역 특수적 지식을 통해서 개인이 할 수도 있고, 해당 분야 전문가들의 영역 특수적 지식을 통해서 할 수도 있다. 때로는 특정 전문가도 그 창

---

44 Cropley, D. H., & Cropley, A. J. (2005). Engineering creativity: A systems concept of functional creativity. Creativity across domains: Faces of the muse, 169-185.

의성을 검증하기 어려울 때도 있다. 이때 문제를 발견한 개인은 자신의 영역 특수적 지식에서 문제를 발견하는 과정, 평가의 근거를 들어 스스로 창의성을 검증해야 한다. 따라서 STEM 캡스톤 디자인에서 문제를 발견한 개인은 팀원, 혹은 교수자, 전문과 집단과 함께 공동으로 가지고 있는 지식을 이용하여 창의성을 검증하는 노력을 수반해야 한다. 이때 개인이 발견한 문제를 다른 사람들이 이해할 수 있도록 설명하려면 발견된 문제가 연결된 지식의 구조를 활용해야 하는데, 이것이 문제가 가진 문제 발견 공간이라고 한다. 따라서 개인이 발견한 문제는 문제 발견 공간을 포함하여 정의되고 구체화 되며, 또 개인에게는 하나의 명시적인 개인적 지식이 된다.

4. 문제 발견 공간

Getzels와 Csikszentmihalyi[45]는 문제 발견 공간의 범위를 "문제 발견에 대한 주의와 관심이 적용되는 범위"라고 설명한 바 있다. 문제 발견 공간은 개인이 발견한 문제의 구조를 이루는 서술적 지식, 어떻게 문제 해결 활동을 수행할 것인지에 대한 절차적인 지식, 문제 및 그 문제를 구성하는 요소에 대한 인지적인 지식, 마음속 심상들과 체계의 은유들, 경영적 혹은 전략적인 지식 등으로 구성되어 있다. 문제 발견 공간에 대해 Csikszentmihalyi[42]는 인간의 창의성이 개인을 초월한 시스

---

45 Getzels, J. W., & Csikszentmihalyi, M. (1976). The creative vision: A longitudinal study of problem finding in art. New York: Wiley.

템적인 관점이 있음을 주장하면서, 창조적 행동의 사회적 맥락은 개인의 도메인 특정 지식이 구성된 문제 발견 공간의 발달과 관련되어 있다고 설명한 바 있다. 따라서 문제 발견의 장소는 개인의 지식과 그 안에서 발견된 문제 상태로 구성된 문제 공간이며, 문제 공간을 이루고 있는 지식이 풍부할수록 새로운 연결에 대한 외부적인 공감을 얻어 내기에도 용이하다.[44]

개인의 관점에서 문제가 발견되고 해결되는 경우, 문제 발견 장소인 개인 스키마의 계층적 조직이 뻗어나간 범위를 문제 발견 공간이라고 한다.[46] 개인은 문제 공간의 범위 안에서 문제를 발견하고, 정의하고, 정교화하며, 창의적인 해결 방안을 탐색하기도 한다. 하지만 자신이 발견한 문제의 가치를 스스로 설명하고, 다른 사람에게 설득하며, 발견된 문제에 대해 평가하는 과정에 포함된 지식도 문제 발견 공간에서 얻을 수 있다. 따라서 문제 발견은 문제 발견 공간이라는 하나의 지식의 구조물이라고 할 수 있다.

5. 스키마 활동

Gick[47]은 문제 해결 과정에서의 스키마의 활동을 모형화한 적이 있다. 이 모형에서 아이디어를 첫 단계에서 구조화된 문제의 표상을 하

---

46 Sweller, J. (1988). Cognitive load during problem solving: Effects on learning. Cognitive science, 12(2), 257-285.

47 Gick, M. L. (1986). Problem-solving strategies. Educational psychologist, 21(1-2), 99-120.

고, 문제 스키마가 작동되는 상황에서 문제 해결의 수단을 찾는다. 이렇게 해서 발견된 문제의 해결 방안을 자신의 스키마에서 찾게 되면 스키마 안에서 문제 해결에 대한 시뮬레이션이 지속적으로 이루어지다가 해결할 가치가 있는 문제를 발견하게 된다.

그런데 여기서 문제를 표상할 때 스키마가 작동하지 않는 두 번째 과정이 있다. 이는 해결책을 찾는 활동으로 이어진다. 프로젝트 수업에서 학생들이 특히, 선행연구 분석, 주제 관련 지식의 주도적인 습득 등이 이러한 활동에 해당할 것이다. 또한 이러한 활동은 챗GPT가 가장잘 대신해 줄 수 있는 영역이기도 하다.

6. 미래 지식과 정보의 가치

현대의 과학과 기술은 그 발달과 함께 현재의 추세에 뒤떨어지지 않기 위해 학습해야 할 당혹스러울 정도로 많은 정보량을 생성해 왔다. 패러다임적 지식으로 학습할 양이 절대적으로 증가하는 현실에서 오히려 개인의 문제 발견 공간에서 내러티브적 지식에 근거한 문제 발견의 가치가 급상승하고 있다. 프롬프트 엔지니어의 연봉이 4억이라는 뉴스 기사는 챗GPT가 패러다임적 지식의 가치를 얼마나 급하락 시키는지 반증하고 있는 듯하다. 불행하게도 우리는 그간 내러티브적인 지식의 중요성을 깨닫지 못한 채 패러다임적 지식만을 학습하는 형태로 기본 교육과정을 마쳤다. 사회에 나와서도 사람들은 저마다 유사한 지식으로 구성된 장기기억이 스키마를 형성하고 있다. 하지만 다행스러운 것은 새로운 지식을 탐색하고, 새로운 도구를 탐험하는 일은 인간의 본능이다. 따라서 본능적으로 우리는 챗GPT라는 도구를 사용하여 즐겁게 인공지능을 알아가고 또 활용하는 중이다.

'문제 발견에서 두 가지 주요한 질문인 왜 사람들은 문제를 발견하며 어떻게 발견하는가?'에 대해 탐색한 결과는 앞서 제시한 대로, 문제의 발견이 상황 안에서 맥락적으로 이루어진다는 것이다. 개인이 내가 속한 집단에 의한 문제 발견은 다수가 필요성을 인식한 사회적인 맥락에서의 문제 발견이다. 사회적인 맥락에서 챗GPT가 발명되었고, 매일 100만 명이 넘는 사람이 질문을 입력하며 그 사람들의 손으로 성장하고 있다. 개인이 질문을 입력하는 것은 어쩌면 개인이 선택할 수 있는 가능한 문제 발견 영역이라고 할 수 있다. 챗GPT를 활용해서 검색 작업을 수행하고 있는 학생들은 우선 자신이 인공지능을 활용하기 위해, 개인이 궁금한 지식을 물어보기도 하겠지만, 자신과 인공지능이 같은 생각을 하는지 물어볼 것이다. 전문성을 갖춘 집단일수록 자신의 판단과 능력을 신뢰하는 가운데 인공지능을 더 잘 활용할 것이다.

<표 3-2> 문제의 발견에 대한 하위 과정

	하위 과정	구성 요소의 구분 기준	구성 요소
1	새로운 문제의 생성	문제 존재 방식과 새로움	문제 인식, 문제 발견, 문제 창출
2	문제의 재구성	재구성하는 방법	변형, 재구조화
3	문제의 정교화	문제들 사이의 위계	정교화

따라서 프롬프트 엔지니어링에서도 이전의 문제 발견과 같이 (a) 상황에서의 문제 또는 질문 형성 가능성의 고려 및 예상, (b) 실제 문제의 정의 및 공식화, (c) 주기적으로 문제와 생성된 결과의 질적인 평가와 개선점을 선택, (d) 때때로 질문의 재형성을 포함하여 그 과정을 정의할 수 있다. 또 문제 발견이란 문제를 부여하고, 형성하고, 창조하기 위한 행동, 태도, 사고 과정을 일컬으며, 문제 표현(problem expression), 문제 구성(problem construction), 문제 제기(problem posing), 문제 형성(problem formulation), 문제 확인(problem identification), 창의적 문제 발견(creative problem discovery), 문제 정의(problem definition) 등의 용어를 포함하여 정의할 수 있다.[48]

문제상황(presented problem situation)은 한 개인 혹은 팀의 문제가 존재하거나 문제 해결을 위한 가능한 대안이 확인된 경우이다. 문제를 주고, 문제 해결이 설명되고, 특별한 경우에 그것이 알려진 처방, 알려진 해결책, 아직 문제 해결자가 없다면 문제상황이 아니다. 그 안에서

---

48 Runco, M. A. (1994). Problem finding, problem solving, and creativity. Norwood: Ablex.

는 역할을 규정할 수 없다.[29]

발명된 문제상황(discovered problem situation)은 다른 사람들이 제시한 것이 아닌 자신이 상상한 문제가 있다면, 그것은 아마도 알려진 처방, 알려진 해결 방법도 없고, 알고 있는 사람도 없을 것이다.[29]

창조된 문제상황(created problem situation)은 누군가 발명하거나 창조할 때까지 어디서든 존재하지 않는 문제이다. 불행, 무지 또는 부적당한 조건의 장애물이 이러한 상황에서는 감지하기 어렵다. 반대로 이러한 문제는 발견과 처방 상황에 있다. 게다가 잘 개발된 문제는 명료한 결과를 산출하고, 지속적인 지식의 생성을 자극하며 그 과정도 지식이 된다.[29] 지금까지 가장 폭넓게 받아들여지고 있는 창의성의 정의는 '새롭고(novel) 적절한(appropriate) 것을 생성해낼 수 있는 개인의 능력'이다.[49]

7. 지식의 융합

Piaget는 사고란 개인이 스스로 지식을 연결(connections)하는 것이라고 설명하였다. 개인이 오감(五感)을 통해서 얻은 지식을 Polanyi는 학습자들이 자아를 중심으로 사고를 통합하는 모든 학습적인 활동은 자아를 중심으로 통합되는 자아 중심적 통합 작용(Self-Centered integrations)이 시작된다고 하였다. 실제로 대부분의 창의적인 업적들

---

49 Amabile, T. M., & Pillemer, J. (2012). Perspectives on the social psychology of creativity. The Journal of Creative Behavior, 46(1), 3-15.

은 자아 중심적 통합 작용으로 형성된 개인적인 지식을 기반으로, 공통점이 없는 영역 간의 새로운 연결에서 탄생한다.[29] 또한 창의적 문제 발견과 정교화 과정에서 발생하는 지식의 새로운 연결과 통합은 명시적 지식과 암묵적 지식을 연결할 수도 있고, 명시적 지식과 명시적 지식을 연결할 수도 있다.

혹은 기존에 지식의 조각들을 연결하는 방법론일 수도 있다. 이러한 측면에서 창의적 사고를 융합적 사고로 정의하기도 한다. 융합적 사고는 통합적 이해(unified understanding)를 기반으로 종합하는 사고 능력으로써 종합지(synosia)로 설명할 수도 있다. 종합지는 서로 다른 형태의 지식을 결합하는 능력으로 창의적 산출을 만들기 위해 반드시 가져야 할 능력이다.[50] 역사적으로 위대한 성취를 이루어낸 과학자들은 서로 다른 영역의 지식을 독창적으로 연결하게 하는 융합적 사고를 빈번히 사용하여 창의적 지식을 생산하였다.[51]

학생들의 개인 내적 지식인 스키마는 개인별 인지구조를 의미하며, 개인에게 활성화되어 있는 스키마가 창의적인 사고와 전략적인 작업을 할 수 있도록 돕는다. 문제 해결자는 문제 발견과 정교화 이후 문제 해결을 시작하기 이전에 기억에 정보를 저장하고 회상하기, 주위의 자극에 선택적으로 주의를 기울이기, 이미지 형성하기, 문제 해결하기, 언어의 이해와 생산과 같은 과정들을 거쳐 왔다. 결국 이렇게 형성된 개

---

50 Root-Bernstein, R. S., & Root-Bernstein, M. M. (2013). Sparks of genius: The thirteen thinking tools of the world's most creative people. New York: Houghton Mifflin Harcourt.

51 Csikszentmihalyi, M. (1996). The creative personality. Psychology Today, 29 (4), 36-40.

인의 지식은 상향 처리와 하향 처리의 메커니즘으로 문제 해결에 활용된다. 자극에 대한 기본적인 요소나 특징과 같은 세부 단위를 분석한 후 더 큰 단위로 구성하는 처리 과정을 상향 처리라고 한다. 학생들이 문제 발견과 정교화의 인지적 메커니즘 안에서 개인적 지식, 다시 말해 스키마를 확장하는 것만이 문제 발견을 도울 수 있는 것인가에 대한 문제가 생긴다.

여기에서 서술 지식과 절차 지식의 사용은 이전에 학생들이 진행해 왔던 프로젝트와 관련된 주제이거나 또는 유사한 절차적 지식을 활용하는 가운데 추론적인 의사결정이 이루어지는 것이 아니라, 대체로 수행에 초점을 맞추기 위한 방향성을 가진다. 학습에서 <u>수행 지향과 숙달 지향의 차이는 최종적인 학습의 목표를 지식의 전문성을 갖추는가 그렇지 않은가로 나눌 수 있다. 따라서 교수자는 학생들이 수행보다는 숙달지향의 학습 목표를 가질 수 있도록 인지적인 스캐폴딩할 필요가 있다.</u>

8. 인지적 스캐폴딩(Cognitive Scaffolding)

스캐폴딩(Scaffolding)이란 개인의 독립적 기능을 지원하기 위해 제공되는 지침을 말한다. 학습자 중심의 열린 학습에서 사용되는 교수 방법을 일반적으로 스캐폴딩이라고 정의한다. 이에 근거하여 스캐폴딩(Scaffolding)을 학습자 중심 학습에서 개인의 독립적 기능을 지원하기 위해 제공되는 교수 전략으로 정의하여 활용된다.[52]

Polanyi[29]는 동일한 진술을 언어로 해석하는 것을 무료하게 생각했다. 대안적으로 내려진 해석이나 여러 반론에 대해서 꼼꼼하게 논의하는 방식보다는 전광석화 같은 심오한 통찰력을 중요하게 생각했다. 심오한 통찰력이 인간이 창의성이라는 새로운 가치를 낳는다고 할 때, 그 새롭게 나타나는 창의성이라는 가치는 암묵적으로 생겨나는 것이다. 우리는 명시적으로 드러난 새로운 가치들을 선택하는 것이 아니라, 새로운 가치를 창조하거나 채택하는 행위를 통해서 그 가치를 받아들인다.

Schunk는 이렇게 특정 문제 해결의 방법 또는 논의의 근거로 개인이 활용하는 지식도 명시적 지식의 일종이라고 하였으며, 조건적 지식이라고 명명하였다. Schunk는 서술적 지식, 절차적 지식과 더불어 조건적 지식을 명시적 지식의 하나로 정의하고 있다. Gick은 문제 발견과 해결 과정에서의 개인 스키마의 활동에 관해 설명한 바 있다. 아이디어의 첫 단계에서 구조화된 문제의 표상하고, 문제 스키마가 작동되는 상황에서 문제 해결의 수단을 찾는다. 이렇게 해서 발견된 문제의 해결 방안을 자신의 스키마에서 찾게 되면 스키마 안에서 문제 해결에 대해 시뮬레이션하면서 문제를 발견하게 된다. 하지만 스키마가 작동하지 않는 두 번째 과정이 있는데, 이는 기존에 있는 해결책을 찾는 활동으로 이어진다. 주로 조건적 지식을 검색하게 되며, 적합한 문제 해결 수단을 찾게 되면 문제 표상이 멈추게 된다. 따라서 첨단 기술을 통합하는 것은 창의적인 문제 발견을 가능하게 하는 인지적 노력의 하나가 될

---

52 Vygotsky, L. S. (1978). Mind in society: The development of higher mental process. Cambridge: Harvard University Press.

것이며, 이를 조건적 지식이라고 정의할 수 있다. Runco와 Chand[53]는 서술적 지식과 절차적 지식을 사용한 문제 발견 원리를 설명하기 위해 창의적 사고의 두 갈래 모델 [그림 3-2]를 제안하였다.

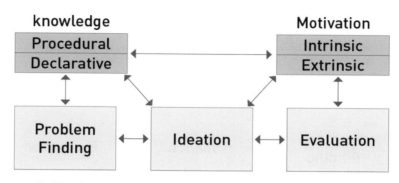

[그림 3-2] Runco와 Chand(1994, 2017)의 창의적 사고의 두 갈래 모델

문제 발견은 서술적 지식과 절차적 지식을 활용하며, 내적·외적 동기와의 상호작용을 통해서 새로운 지식의 형성과 발견으로 이어진다고 설명했다. 발견된 문제는 정교화되는 과정을 거치면서 재평가된다. 이러한 문제 발견의 과정은 창의적 사고의 과정이며, 개인은 지식의 새로운 연결을 만들면서 개인의 영역 특수적 지식을 확장하게 된다. 본 연구의 결과로 문제 발견 맥락에서 활용되는 조건적 지식도 창의적 문제 발견의 근간이 되는 지식이라 할 수 있다. 따라서 [그림 3-3]과 같이 명시적 지식 요소에 절차적 지식, 서술적 지식을 더해 조건적 지식을

53 Runco, M. A., & Chand, I. (2017). Cognition and Creativity, In M. A. Runco (Ed.), creativity and education (pp. 103-126). London: SAGE.

포함하여 보완된 창의적 사고의 두 갈래 모델을 제안할 수 있다. 문제 해결 방법에서 디지털 통합을 지향하는 현대 과학기술의 활용은 공학적인 문제뿐 아니라 인문적인 문제 해결에도 적용할 수 있을 것이다.

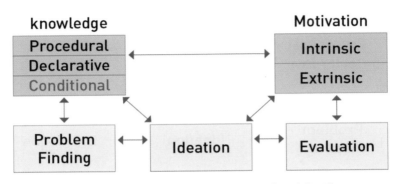

[그림 3-3] 조건적 지식을 포함한 창의적 사고의 두 갈래 모델

우리의 두뇌에서 일반적인 사고도 구조화되어 있다는 것은 최소한 아리스토텔레스 시대 이후로 수천 년 동안 인정되어 온 사실이기도 하다.[54] 개인의 지식 안에서 실제와 관념은 끊임없이 상호작용하면서 의미가 습득되고 또 수정, 폐기되면서 풍부해지는 상호주관성을 지닌 나선형 순환구조를 지니게 된다. 조건적 지식은 학생들이 서술적·절차적 지식을 갖추지 않은 첨단 기술을 문제 발견과 해결에 활용할 수 있게 하고, 영역 특수적 지식을 확장할 수 있도록 돕는다.

STEM 프로젝트 안에서의 개인은 문제 발견 및 해결을 시뮬레이션

---

54 Weisberg, R. W. (2006). Creativity: Understanding innovation in problem solving, science, invention, and the arts. New Jersey: John Wiley & Sons.

하면서 끊임없이 지식을 부화(Incubation)하는 과정을 거친다. 이 과정에서 개인의 영역 특수적 지식은 강화되고, 끊임없이 연관 지식을 연결하고 통합하여 새로운 연결(Binding)을 형성하면서 창의적 문제 발견에 접근할 수 있다. 챗GPT의 시대에는 이러한 부화와 연결이 개인과 인공지능의 끊임없는 상호작용으로도 가능하다.

9. 창의적 문제 발견과 혁신 교육

챗GPT의 시대는 창의적인 문제 발견과 해결의 르네상스 시대이다. 누구나 활용할 수 있는 인공지능이 인간의 상상력에 날개를 달았기 때문이다. 이러한 때에 창의적 문제 발견의 가치는 재조명되며 새로운 부가가치를 창출할 것이다.

창의적 문제 발견은 개인의 영역 특수적 지식에서 시작해야 하고, 다학제적인 틀로 평가될수록 문제의 가치가 드러나고 다양한 해결 방안이 시뮬레이션 되어 창의적인 문제 발견이 가능하다. 무엇보다 챗GPT와 같은 첨단 기술을 문제 해결 방법에 적용하는 역량을 개발하여야 한다. 오픈소스 소프트웨어와 같은 최신 디지털 기술을 문제 해결 방법으로 활용하여 발견한 문제 해결 방안에서 창의성을 강화할 수 있다. 챗GPT를 활용한 즉각적인 특허, 기술, 제품 정보의 검색은 개인이 발견한 문제의 평가에 대한 즉각적인 피드백을 제공해 주고 효율적인 문제 해결 방안을 제공해 준다. 온라인에서 검색할 수 있는 지식과 첨단 기술들은 과거 누군가의 창의적 문제 발견으로 해결 방안이 구체화한 창의적 산출물이기 때문이다. 이제 전문가, 교수자를 찾지 않더라도 온라인에서 검색한 전문 정보를 검색할 수 있고, 또 인공지능에 의견을 물어볼 수 있어 인지적 상호작용이 가능하다. 더구나 최근에는 빅데이터나 인공지능의 활용을 통해서 해결할 수 있는 문제들을 검색하고 시뮬레이션할 수 있는 길이 열려 있다. 인간에 의해서만 연결되고 생성되던 지식은 실시간으로 인공지능과 상호작용하며 생성, 발전되고 있다. 챗GPT와 같은 첨단 기술은 문제 해결 방안으로써 활용될 뿐만 아니라 문제 발견, 문제 자체가 가지는 가치를 검증하는 수단으로도 활용할 수 있을 것이며, 인간만이 가진 상상력을 극대화할 수 있을 것이다.